人はいつまでも学び、成長できる

熟達論

為末大

新潮社

まえがき

　私は、陸上競技の選手として三度オリンピックに出場し、二度世界大会でメダルを獲得した。このような背景を持っていると、人から「上達すること」に関してよく質問される。

「どうやってモチベーションを保っていましたか？」

「スランプの時、どうしていましたか？」

「どうやったら速く走れますか？」

　と。人は何かを習得していく際に、悩むことがたくさんあるのだろう。私自身、小学三年生から三十四歳までの二十五年の競技人生の中で、どうすればもっと速く走れるのか思い悩むことがたくさんあった。

せっかくなので質問してくれた方には必ず二、三回質問を返す。相手がスポーツ選手であれば、実際に目の前で試合の時と同じように動いてもらうこともある。なぜ質問をして動きを見るのか。そうすることで、その人が今いる成熟段階がわかるからだ。

相手の段階が違えば、時には正反対のアドバイスをすることすらある。例えば初心者の方がうまくいかなくて悩んでいる。話を聞いてみると複数のオンライン動画、本から学んでいるという。そうであれば「参考にする相手をまずは誰か一人に絞り込んでその人が言う通りにやってみてください」とアドバイスするだろう。ある程度段階が進んだ状態でなければ、複数の人のやり方から良い点だけを抜き出して活かすのは難しいからだ。

一方で、数年程度の経験がある人がうまくいかなくて悩んでいるような場合もある。これまで同じコーチから、同じアドバイスを受け、同じ練習を繰り返してきたという。その場合は思い切って違うコーチに相談してみてはとアドバイスするだろう。違う刺激を入れて、新しい展開を生み出す必要がある段階にきていると予想されるからだ。段階が違えばこのように正反対のアドバイスになる。

同じように、二人のトップアスリートが矛盾する言葉を残すことがある。

「自分の頭で考えることが大事」

「考えるな。言われた通りやってみろ」

自分で考えた方がいいのか、それとも言われた通りやったらいいのか。今では、この二つは矛盾しておらず段階が違うだけだということがわかる。

私自身競技人生の中で、二つの矛盾した考えをどう整理していいのか悩むことがよくあった。大学時代はコーチをつけず独学で学び自分を鍛える方法をとっており、陸上競技で世界一になりたいと思っていたから、行きたい方向はわかっていた。だが、自分が今どの位置にいるのか見えなくなり、何をやればいいのかわからなくなることもあった。地図上で、行き先はわかっても、自分がどこにいるのかがわからないようなものだ。


私が選手だった頃見かけた風刺画がある。選手は真ん中にいて、専門家が選手を取り囲んでいる。選手は少し困ったような表情で「不調」を主張している。栄養士が選手に対し「食事のバランスが崩れていることが問題です」とアドバイスしている。その隣のストレングストレーナーが「筋力トレーニングの不足により基礎的な筋力が足りていません」とアドバイスしている。メンタルトレーナーは「心理的に不安定で休養が必要です」と言い、コーチは「もっと集中して、目標を高く持て」と繰り返し、その周辺を囲むメディアは「彼のピークは過ぎた」と言っている。

この風刺画はスポーツ選手に限らず、人間が直面しがちな状態を見事に言い表している。問題はグラウンドの中だけにあるとは限らない。技術的にうまくいかないのは、筋力が追いついていないからかもしれない。筋力が追いついていないのはしっかりと栄養が取れていないからかもしれない。栄養の問題は、心理的に疲れていて食事が喉を通らないことが影響しているかもしれない。心理的に疲れているのは最近恋人とうまくいっていないことが原因かもしれない。または幼少期のトラウマが影響し、今症状が出ているのかもしれない。社会情勢が不安定だというニュースを朝見たせいかもしれない。または低気圧で体調が変化したからかもしれない。人は社会の中に生きていて、外部の影響を受けている。

私はコーチすらいなかったから、あらゆるアドバイスや批判がある中で何を大切にし、どう自分を鍛えていけばいいのか常に悩み続けていた。たくさんの問題に直面したが、全体から切り離してはっきりとわかる問題などほとんどなかった。

問題がわかれば解決方法を見つけることは可能だ。だが、その問題を見つけ出すこと自体が難しい。トラブルや、うまくいっていない結果はわかっても、その原因がどこにあるのかを見つけることは相当に困難だ。私たちを取り囲む環境の要素はすべて関係している。現代ではどの領域も詳細に分け、整理されているが、概念上切り離したとしても、結局すべては繋がっている。

アスリートは、自分の競技人生でうまくいかず悩んだことにこそ興味を持つ。チーム競技の人間は組織論やリーダーシップ、試合時のメンタルコントロールに苦労した人間は心理学、怪我が多かった人間は生理学、メディア対応で苦労した人はメディアとの付き合い方、技術を考えていた人間はバイオメカニクス（動作解析）といった具合にだ。私はコーチをつけないで自分一人で競技をしていたから、人間がどのように学んでいるのかに興味を持った。あらゆる要素がある中で、それらを統合し、いかにして極めていくのかを知りたかったのだ。

オリンピックでは、確かに想像を超えたアスリートを目にする。人間にどうしてこんなことができるのだろうかと驚くこともある。世界大会で一位の選手を後ろから追いかけながら、世界一のレベルの高さに愕然としたこともある。トップアスリートは素晴らしい。だが、考えてみると、人間である以上、誰しも生まれてから様々なことを身につけるのだから、共通した学習システムがあるはずである。一〇〇メートルを九秒台で走ることも信じられないが、私たちは誰に教わらなくても、学習することで歩き走れるようになる。

人はどうやって学んでいるのだろうか。なぜうまくなるのだろうか。どうやって問題に「気づいて」いるのか。学習していく中でその人の内側で何が起きているのか。何がその人の成長を阻害するのか。そしてどうやって切り抜けるのか。外から働きかけることでその人の成長を促すことはできるのか。

そんなことを考え始めたら止まらなくなることがよくあった。夢中で陸上競技を探求していくうちに、自分という存在を通じて人間を理解していく感覚があった。何かができるようになり、できるようになることで自分自身が変化するという、熟達のプロセスだ。引退したあと、時間ができたこともあり、興味が爆発した。あらゆる分野の達人、熟達者に会えるということにおいて、これほど元オリンピアンでよかったと思ったことはなかった。

将棋の羽生善治さん、囲碁の井山裕太さん、ｉＰＳ細胞の山中伸弥教授、パラリンピックのスプリンターであるジョニー・ピーコック選手、車椅子テニスの国枝慎吾選手、コーヒーバリスタの井崎英典さん、ラグビーのエディ・ジョーンズ監督、生物学者の福岡伸一さん、臨済宗円覚寺派管長の横田南嶺老師、サッカー元日本代表監督の岡田武史さん、スポーツ庁長官の室伏広治さん、女子マラソンの高橋尚子さん、マラソンコーチの故小出義雄監督。ここでは一部しか挙げられないが、著名ではないが優れた技術を持った方々にも多く話を聞くことができた。あらゆる〝熟達者〟に話を聞いて、どんな学習プロセスだったのかを学ぶうちに、共通点がいくつもあることに気づいた。

基本となるものを持っている／迷うと基本に返っている／人生で何かに深く没頭した時期がある／感覚を大事にしている／おかしいと気づくのが早い／自然であろうとしている／自分がやっていることと距離を取る態度を身につけている／専門外の分野から学んだ経験がある……。

人間が学習するうえで、何かを積み重ねて理解していく方法には共通点があるようだ。文字は繰り返し書いていけばいずれ自然と覚えていく。だが、何かの技術を極めていく時にはそれだけでは越えられない段階がいくつもある。その都度アプローチを変え乗り越えていかなければ熟達者にはなれない。私が知りたかった学習システムはまさにこれだった。人間がどう学び、成熟し、技術が卓越していくのか。どういう段階を経て成長していくのか。興味は尽きなかった。

私は人間を考える時、いつも三浦梅園のこの言葉を思い出す。

「枯れ木に花咲くを驚くより、生木に花咲くを驚け」

枯れた木に花が咲くことは、驚くべきことだろう。しかし、引いた目で見ると、そもそも芽が出て花が咲き、散って、新たな芽が生まれるこのプロセスこそが不思議ではないだろうか。なぜ命が生まれ、終わり、そして新たな命が生まれるのか。日常的に目にしている当たり前の風景に慣れてしまっているが、少し考えてみれば「生きていること」そのものが不思議ではないだろうか。

一〇〇メートルを九秒台で走ることも、ノーベル賞を受賞することも、ショパンコンクールで賞を獲ることも、常人からすれば信じがたいことだ。だが、もっと不思議なのは、学習し熟達させていく能力を誰もが持ち合わせていることだ。

何かを極めた人、そして熟達への考察を通じて、人間の学びを理解し、そして人間にしかできないことがわかっていくのではないかと考えている。熟達の道は特別なものではなく、すべての人に開かれている。

熟達論　目次

第二段階　型

無意識にできるようになる　75

型とは何か／使える技能は無意識化される／型は遊びを発展させる／人間は覚えるより忘れる方が難しい／型の力、癖の力／柔らかすぎる人間／模倣とは観察と再現／型は丸呑みするもの／型の良し悪しを見分ける／憧れの罠／型は個性を殺すのか／時間を制する者が型を制す

第三段階　観

部分、関係、構造がわかる　107

「見る」とは「分ける」こと／「分ける」ことで、取りこぼすもの／技能は別の技能に支えられている／「うまくいく」とは、構造が機能していること／身体全体で「見る」のが観察／観察に影響を与える知識と経験／熟達にはどのように時間をかけるべきか／距離を取ることで見えるもの／俯瞰の技術／集中とは注意の固定／第三者の視点で自分を見る／頭で「わかる」と体験で「わかる」の違い／「できる」から「わかる」へ

熟達論

人はいつまでも学び、成長できる

企画　岩佐文夫
装幀　新潮社装幀室

序　熟達の道を歩むとは

「足を三角に回しなさい」

本書では、「熟達」というテーマについて考え、掘り下げていく。熟達と聞いて抱くイメージはなんだろうか。その道数十年の寿司職人が最高の加減で寿司を握る。ベテラン政治家が巧みな話術で人を引き込む。一流の野球選手が、考えられないようなプレイを見せる。小児科医が、子供の細かなしぐさから症状を推測する。熟達とはこのように特定の領域において技能が極まった状態を指す。

たしかに熟達者が見せる技能には驚かされる。彼らにとっては当たり前でも、それを見ている側からすると、どうしてそんなことができるのかわからない。

どうすればこの領域に到達できるのか。技能の向上は社会的評価につながるので、世の中には各分野ごとの方法論がありふれている。スポーツにおけるトレーニングメソッドしかり、技術的な教本などもそうだろう。しかしそのような明示されている学習方法だけでは、探求し高みに到達することは難しい。私自身、多くの方法を試してみたものの、どこか本質から遠くなってしまう感覚があった。何かを取りこぼしてしまうのだ。

私が「熟達」を意識し始めたのは、二十年以上前に遡る。当時私は大学に通っている現役のアスリートだった。中学生で日本で一番になり、中学記録を樹立した。高校時代は怪我で少し停滞したものの、高校三年には高校記録を樹立した。それが大学に入り、思うように走れなくなった。成績が伸びない。練習不足だと思い、高校時代よりも練習量を増やしたがむしろ実力は落ちていく一方だった。思い悩んでいた頃、日本代表の合宿で短距離コーチだった高野進さんと一緒になることがあった。悩みを打ち明けると「ちょっと走ってみて」と言われ、いつも通り走ってみるといきなりこう告げられた。

「足を三角に回しなさい」

正直その時の私には、それがなんのことかよくわからなかった。だが、藁にもすがる思いで、とにかく言われたようにやってみた。すると今度は「君は器用貧乏だから、不器用になったつもりでやりなさい」と言われた。ますます何を言われているのかわからない。とにかく言われた通りしばらく続けた。すると驚くことに絡まっていた糸がほぐれていくように、動きが少しずつ変わってきた。変わったのは動きだけではなく、競技に対する考え方も変化していった。それから一ヶ月に一度、高野さんのところに通うようになり次第にスランプを抜けていった。これが私の人生で初めての熟達者との接触だった。

私の走りには足が後ろに流れる癖があった。後ろに大きく蹴り上げてしまうために、足が前に出てくるのが遅れスピードが高まらない。いろんな方法を試したがうまくいかなかったのが、「足を三角に回す」という言葉がぴたりとはまり、足の軌道が劇的に良くなった。三角形には鋭角の切り返しの部分がある。足が流れないようにと意識するよりも、三角形を頭に思い浮かべた方が足がうまく切り返せるようになった。

また、「不器用になったつもり」という言葉で、安易に自分で判断せず、愚直にコツコツやるしかないという気持ちになった。今ならわかるが、私はよく知らないことでも聞いた話の勘所を摑むのがうまいのだそうだ。だからいきなり「わかったような感覚」を覚えてしまう。しかし、本当の意味で競技で使えるほどの技術に達するには、何度も繰り返し身体に覚えさせて、ものにしなければならない。それなのにすぐ気持ちが次に向き、一つのことがしっかり定着しない癖があった。高野さんはこの癖を見抜いたのだと思う。

それはまるで達人と囲碁を打っているような気分だった。最初は指摘されたことの意味がわからないが、言われた通りやってみると不思議とできるようになっていく。

そして数年経ち自分自身も成長して「走る」ことのメカニズムがわかるようになると、最初に指摘された点が、その他の多くの問題の原因だったと気づく。囲碁で、序盤によくわからないところに置かれた一手が、終盤になってまるで未来を先取りしていたかのように意味を持ち始める、そんな感覚だ。

この人はどうしてすぐ問題の核心を見抜けたのか。なぜ私には見えないものが見えたのか。この人が獲得した能力を、私も獲得することができるのか。まだ言葉では整理できていなかったものの、私はこの不思議な体験に強く興味を持った。

教科書にはない「学び」

こういった問題の解決方法は、陸上競技の教科書には書かれていなかった。動作を解析する分野の話のようでもあり、私が囚われている認知の癖を解決する方法のようでもあった。ともかく一人の人間の中で複雑に絡み合っていた問題が解決したのだ。この体験は説明しようとしても一つの論理におさまりきらない。

現役を引退してからも技能が卓越した人の世界への興味は失われなかった。「まえがき」でも書いた通り、練習時間が必要なくなり好奇心が爆発した私は、あらゆる熟達者と思われる方と話をさせてもらった。自身でどのように学んできたのか、伸び悩みはなかったか、どうやってそれを越えたのか、などと聞いてまわった。それは答え合わせのようでもあり、また新しい気づきがもたらされる機会でもあった。

話を聞いていくうちに、どうも私が興味を持っているこの「学び」は違う分野でも共通して存在することがわかってきた。そして段階に分けて整理することが可能だと考え始めた。


私が興味を持ったのは、一人の人間が総体として学習し、熟達していくことだ。競技者だった頃、素晴らしい才能と技能を持った選手が、途中で伸び悩み引退していった。素直で性格の良い選手が、持てる力を出しきれず結果を出せなかった。学び続けるということは、ただ才能があるだけでも、性格が良いだけでもだめだった。技能を高めると共に、自分を変化させていく必要があるのだ。

それは教育現場で喧伝される「人格を育てる」とも違う。人格の育成だけを目標にすると、技能に甘くなり、自ずと技能の探求に対しての執着を弱めてしまう。

例えば、苦しいトレーニングに耐えて限界を越えようとすることは、人格形成にプラスの効果があるかもしれない。だが、苦しい思いをすることと技能が向上することは必ずしも相関しない。少し高いところから飛び降り、そのままジャンプしてまた同じ高さに戻ってくるプライオメトリックというトレーニングがある。一方でしゃがんだ位置から自分を高い位置に飛び上がらせるスクワットジャンプというトレーニングがある。体感的には飛び上がるスクワットジャンプの方が辛いが、筋肉に対しての刺激は飛び降りるプライオメトリックの方が大きい。

このように競技力を合理的に高めようとすることは、必ずしも苦しさに耐えることを意味しない。人格の育成に主眼を置くと、技能向上よりも「努力感」があるトレーニングを選びがちになり、合理性から離れていってしまう。

一方で技能の追求だけでは競技力は伸びない。技能の獲得は方法論に落としこみやすいが、そこに焦点を当てると、どこかの段階で伸び悩みが生じる。方法論は多くの人に当てはめるために「私」という個別性を無視せざるを得ないからだ。

伸び悩みには自分の思考の癖に由来するものがある。例えば他者の意見を受け入れられず、同じ失敗を繰り返す場合は、技能ではなく他者の意見への捉え方を変えなければならない。だが、本人が、問題は自分の考え方ではなく、あくまで自分の外側にあると考えているならば同じ失敗が繰り返されることになる。

例えばダイエットの方法はほぼ確立されているが、誰でも達成できるわけではない。

技能を扱うのは自分自身である。自分自身にそれを成し遂げさせるのが重要なのだ。そのためには自分を知り、自分を扱う方法を、実践を通じて体得していかなければならない。それは自分で自分の癖に気づき、自分の扱い方を学習していくことでもある。だが、自分の扱い方はどの教科書にも書かれていない。

熟達とは何か

技能と自分。どちらかだけでは偏ってしまう。技能だけを高めてもそれを扱う人間が未熟であればうまくいかない。人間性を高めても技能がなければそれを表現できない。身体と脳、心と頭、意識と無意識。概念上分けたところで一人の人間を切り分けられるわけでもない。人間を部分に分けるのではなくそのままの存在として探求していくこの感覚を言葉にできないだろうか。

そんなことを考えている時、ふと昔に何かの書籍で「熟達」という言葉に出会ったことを思い出した。もしかするとこの熟達を考えることで、私が知りたかった人間の学習システムを理解できるのではないか。そう直感した。

「熟達とは人間総体としての探求であり、技能と自分が影響しあい相互に高まること」

これが本書での熟達の定義である。今、振り返れば引退してからの十年は、自分自身の競技での体験を普遍的な学習システムとして理解するためにあったのではないかと思う。

熟達とは人間をそのままの存在として捉えて学習していくことである。技能を通じて「私」の扱い方を学び、私を通じて「技能」が探求されるということだ。コンピュータの世界で言えば、システムの土台を成すソフトウェアOSと、OSの上で特定の働きをするアプリケーションの関係に喩えられる。人間はOSのようなものであり、技能はその上で動くアプリケーションのようなものである。

コンピュータと違う点はアプリケーション（技能）が開発されていくことでOS（人間）も影響を受けてアップデートされることである。それらを切り離すことはできない。技能を通じて人間が能力を拡大させ、それ以外の技能にも一定程度応用が可能になる。陸上競技で得た学びが社会に出て応用されることがあるように、習得したものが異なる分野に引き継がれる。OSとアプリケーション。人間と技能。それらを切り離すのではなくそのまま捉え、探求することが熟達だ。

五段階の探求プロセス

熟達を探求していくプロセスは一本道ではなく、段階に分かれていると考えている。私はずっと、矛盾する教えが両立することを疑問に思ってきた。例えば「まず言われたことを言われたようにやり、基本を覚えることが大事である」という人もいれば「自分で考え自分に合ったものを選ぶことが大事である」という人もいる。また「量が大事だ」「質が大事だ」や、「考えろ」「考えるな、感じろ」というのもある。今ならばわかるが、これらは段階が違うだけなのだ。

それぞれの段階で重要とされることは違い、取り組み方も変えなければならない。私自身、スランプに陥り悩むことがあった。その頃は努力不足だからと必死で同じやり方を繰り返していた。今なら、やり方を変えなかったことが問題だったとわかる。だから、成長には段階があると理解しておくことが大切なのだ。

本書では熟達の探求プロセスを五段階に分けている。「遊《ゆう》」「型《かた》」「観《かん》」「心《しん》」「空《くう》」だ。「遊」から始まり、「空」に至るまで段階を踏んでいく。

第一段階・遊

すべては遊びから始まる。遊びは感覚的なもので、だから最初におくことに大きな意味がある。遊びは覚えるものではなく、ついそうしてしまうものだからだ。遊びによって不規則さと面白がる姿勢を身につけられる。不規則さが身につけば、ある形に最適化されそこで探求が止まるのを避けられる。そして面白がる感覚があることで、探求が続くようになる。探求プロセスを豊かにしてくれるのが「遊」である。

第二段階・型

私たちの思考や行為は習慣が生み出す癖に支配されている。反対に言えば、どのような習慣を身につけるかによって思考や行為は変わっていく。型を持てば無意識に基本的な動きができる。意識的に型を身体に刷り込み、考えなくてもそれができれば、もっと高度なことを行えるようになる。では型とはなんなのか。型を身につけることで個性は失われないのか。型の範囲、あるべき型との向き合い方とは。この段階は技能の土台をつくるのだ。

第三段階・観

観察によって部分に切り分けていければ、関係と構造を理解することができる。構造が理解できれば、見えていない部分が想像できる。この第三段階では、視覚のみではなく全身で行うという観察行為の意義が理解できる。これを「観」と呼び、これが可能になることで、表面に見えている結果に惑わされることなく、何が重要なことかが判別できるようになっていく。表面の猿真似がなくなり、本質を摑み応用できるようになる。

第四段階・心

心《しん》とは中心を捉えることを指す。手に入れた型の輪郭が崩れその中心部分だけが身体に残っていく。無意識で中心を取れるようになると、簡単には崩れなくなり、バランスを保てる。細かいことを気にせず自在に動けるようになり、これまでにない自由が感じられていく。この段階になると個性を自覚し表現できるようになる。自分らしさがわざとらしくなく、自然な形で表に出てくるようになる。

第五段階・空

熟達の最終段階では、自我がなくなり、今までの前提が大きく変わる。制約から解き放たれ、技能が自然な形で表現される。自分も解放され、自己とそれ以外すら曖昧になる。この「空《くう》」の世界にはどうすれば到達できるのか。空の世界を体験すると、何が変わるのか。体験によってしか知ることのできない未知の世界に到達するのがこの段階だ。

この五段階ごとに習得の判断基準を明確に定めることができればいいのだが、それは難しい。はっきりと切り離せるものではなく、明らかに習得したと判断できるものでもないからだ。時には段階を行きつ戻りつすることもあると思う。それでも段階を分け、整理することで自分自身の現在地を知る手掛かりが得られて、解決できる問題がたくさんあるだろう。私自身、この段階を設定したことで、自分の現役時代の経験を整理できた。

そもそも私が大学時代にスランプに陥ったのは、コーチをつけず自分で自分のトレーニングを決め始めたからだ。それまではコーチに基本的なトレーニングメニューをすべて決めてもらっていた。すべてを自分で決めるようになった結果、動きがおかしくなり思うように走れなくなった。

トレーニングの本を読むことは好きだったし、代表選手に選出され、名選手と交流をすることもできるようになっていた。目の前に素晴らしい実例もあり、話しかけることもできる。素晴らしい選手たちのいい部分だけを取り入れていければもっと良くなるはずだと手当たり次第に取り入れた。そこでスランプに陥った。今考えれば、基本となる一つの「型」をしっかり習得すべき段階だったのに、あちこちからいいところだけ集めようとしたことが原因だった。まだ「型」が定まっていないのに先に進みすぎていたのだ。

大学に期待の選手として入ってきた後輩が、伸び悩んでいた。アドバイスを求められることがあったので、技術を伝えようとしたがうまく伝わらず、後輩は結局壁を突き抜けられないまま卒業していった。今振り返ると、そもそも思い切って力を出す感覚を得られていないことが理由だった。この選手は高校時代に名門校で決められた通りにトレーニングを行い、厳しく技術指導をされていた。その結果、細かい技術の成否に意識が向かいすぎていたのだ。技術のことは忘れてとにかく思い切って力を出すことからはじめるべきだった。まさに「遊」と「型」の順番を逆にしたことが問題だったと反省している。

私が現役選手だった一九九六－二〇一二年は目まぐるしくトップ選手が入れ替わる

時代だった。日本では伊東浩司さん、朝原宣治さん、末續慎吾さんらが登場し、世界ではマイケル・ジョンソン、モーリス・グリーン、ウサイン・ボルトが強い時代であった。時代のトップ選手はやはり輝いており、彼らがやっているトレーニングに皆注目した。多くの選手が彼らの真似をし、そして崩れて実力を落としていった。動きは似てきてもスピードが出ない。似ているが力も勢いもないのだ。「心」の章で説明していくように自分自身の個性の中心を生かすのではなく、他人の表面を真似していたからだろう。

途中で燃え尽きてしまう選手もたくさん見てきた。そういう選手は真面目できちんと問題と向き合う人が多かった。最初は何事も完璧に行うから成績がいいのだが、長く競技人生が続いていくと、次第に思い詰めていき気持ちが保てなくなっていく。一方で、学生時代には不真面目だと評価された選手が長く競技人生を続けていき、歴史に残る選手になっていくこともあった。それは始めたての頃に「やりたくなければやめればいい」と思うことが許される環境で、本気だけれどこれがすべてではない、どこか「遊んでいる」感覚が身についていたからだろう。これは「遊」の段階で育まれる。

何かの課題を抱えている時に、自分の段階をおおよそではあるが摑むことができれば、今何をやるべきかを知ることができる。何を信じていいのかわからない時の悩みは深い。本書に記す五段階を悩みから抜け出す助けにしてほしい。

熟達は領域を超える

プロセスには普遍的な要素がある。だから別の領域で探求してきた人と話をする時、同じ学びの話をしているように感じられることがある。

将棋の羽生善治さんとお話をした時に「すべての手を考えるのではなく、考えるべき手が二つ三つほど浮かんできてその手を検討します。それらは直感で上がってきます」とおっしゃっていた。競技者が没頭している時に、考えるより勘で決めた方が早く論理的な結果を生む状態と同じだ。

また映画監督の北野武さんは「いい役者は自分から見たカメラと監督から見たカメラの二つを持ってる。その次にいい役者は自分のカメラだけのやつだ。一番ダメな役者は中途半端に監督から見たカメラを意識しているやつだ」とおっしゃっていた。スポーツで言えば、無意識で行っていた選手が客観的になり、考え始めた時にスランプにハマる「考え始めの谷」と同じである。

具体的な技能が領域を跨ぐことは少ない。ハードルがうまく跳べても、料理がうまく作れるとは限らないし、マネジメントがうまくできるとも限らない。しかし、ある世界で技能の探求を通じて得た「学びのパターン」は他の世界でも応用可能だと私は考えている。

熟達は機械に置き換わるか

昨今、人間の能力に関して知見が蓄積されていく中で、努力の価値が疑われつつある。人間の行先は遺伝子と環境要因によって決まっているという意見もあり、そうであれば努力は意味をなさない。

人間についての謎が解明されるにつれ、人間の可能性を信じることが難しくなった。可能性とは、別の言い方をすれば、振れ幅のことである。「可能性がある」とは「未来はどうなるかわからない」ということだ。だからあらゆることがはっきりするならば可能性はなくなっていく。

また人間の卓越した技能を機械が再現できないことが、人間の神秘性を支える一つの理由だったが、少しずつ人間の技能が勝てる領域は小さくなってきた。実際に、複雑性が高いため、当面は人間を超えるのは難しいだろうと言われた囲碁の世界でも人工知能に人間が敗れた。身体操作は複雑だから、歩行ひとつとっても機械は満足にできないと言われていたが、自由に走る四足ロボットが登場し、二足走行も数年前と比べかなりスムーズになっている。身体操作の領域でもいずれ追い越されるのだろう。

ひとつの技能を極めていくことは、目的とされるものに最適化することでもある。例えば仕事とは何かの機能を果たすことであり、良い仕事をするには仕事の役割に自らを最適化することが求められる。ネジを締める時に、ドライバーを使うのが最も効率が良いように、いつも安定して質の高いパフォーマンスが発揮できることが良いこととされてきた。だが、その最適化だけを求める技能は機械にとって換わられつつある。

どの分野でも問われ始めたのは、人間にしかできないことは何か、だ。合理性を追求してきたのは私たち自身なので皮肉ではあるが、機械にやらせるのが最も合理的であるとしたら人間は何をやるべきなのだろうか。新しい技術に対して投げかけられる「何の役に立つのか」という問いはこちらに投げ返された。人間の存在意義とはなんだろうか、という問いだ。

私は熟達こそが「人間にしかできないこと」を理解する鍵になると考えている。機械と人間の最大の違いは「主観的体験」の有無だ。私たちは身体を通じて外界を知覚し、それを元に考え行動している。思考し行動する部分はいずれ機械が行えるようになるかもしれないが、知覚は身体なしでは行えない。本書では身体の例を多用している。私自身のバックグラウンドがアスリートであることも影響しているが、人間と機械を分ける決定的な差だと考えるからでもある。自分の身体で外界と内部の変化も感じ取り、試行錯誤しながら上達し、上達している自分を内観する。この一連のプロセスから得る「主観的体験」こそが人間にしかできないことではないか。

熟達していく過程で、私たちは夢中という状態に入る。この状態では外界の感じ取り方も変容し、リアリティが一層高まる。熟達のプロセスで遭遇する夢中の瞬間こそが人間の生きる実感の中心だと私は考えている。それは他ならぬ「私」を通して、世界を感じていくプロセスでもある。考える私より、感じて動く私に「人間にしかできないこと」が潜んでいるのではないか。

孤独と夢中

この夢中に連なる熟達の道だが、そこには孤独がどうしても付きまとう。技能が向上していけばオリジナルを追求せざるを得なくなるから仕方がないことかもしれない。

私たちは社会で生まれ、育っていく。個としてはか弱い私たち人類の生存戦略は、群れで力を合わせて生きていくことだった。他の動物と比較して未熟な子供の期間が圧倒的に長い人間は、その時間を使って社会という群れの中で生きていく能力を育む。孤立したまま成長すれば、生き抜くことすら難しいだろう。

群れに適応している我々は孤独に弱い。他者に認められたいと願うことも、他者を喜ばせたいと思うことも、仲間はずれにされて傷つくことも、群れに属していることで起きる。群れの中では、集団内での評判が自らの生存と遺伝子を残すことに影響しているからだろう。

孤独感を和らげるわかりやすい方法は、集団に受け入れられることだ。どこかに所属し、なんらかの役割を見出すことで私たちは安心する。だが、辛いのは、何かを極めても、他者に認められるとは限らない。

そもそも正当な評価などない。勝ち負けがはっきりしているスポーツのような世界は、まだ評価しやすい。だが、世の中の多くの領域は何を基準にするかがとても難しい。評価基準が時代と共に変わってしまうこともよくあるだろう。

他者が正しいかもしれないし、自分が正しいかもしれない。多くの人に評価されたとしてもそれが正しいのかどうかもわからない。皆が散々に否定したのに評価がひっくり返ったことは、歴史上山ほどある。結局何が正しいのか答えは出ない。

他者の承認が欲しくても、それを直接追いかけると翻弄《ほんろう》されてしまう。追いかけているうちに自分のやり方が正しいのかどうかもわからなくなってくる。初心者の段階ではわかりやすいが、段階を経るとこうすればいいという方法はなくなり、自分に合ったやり方を選ぶしかなくなる。正しいことをやったからうまくいくわけでもなく、うまくいったから正しいわけでもない。たまたま最初がうまくいかなかっただけなのに、反省して正しいやり方を諦めてしまうかもしれない。たまたま一度うまくいったやり方を正しいと思い込んで、間違えたやり方に固執してしまうかもしれない。結果だけで、いい決定だったとか悪い決定だったと世間からの評価が下る。何一つ正解がなく誰も教えてくれない中で、この方向だと自分で見当をつけて進んでいかなければならない。

結局、その時に尋ねる相手は自分自身しかいない。

外部に答えを求めるならば、孤独は辛いものとなる。だが、孤独でなければ得られないものもある。人間は社会性を持つ生き物で、かならず周囲の影響を受ける。詳しくは「心」の章で書くが、人間は他者に同調することを避けられないのだ。オリンピックの決勝のような舞台ですら、トップスプリンター同士の足の回転のリズムがシンクロすることが知られている。リズムだけではなく、相手の動きや、話し方、考え方にも影響される。集団にいると、どんなに意識しても集団に自分がすり寄っていくことになる。当然、常識とされるものも似通っていくのだ。

孤独でいれば、集団に対しての同調から距離を取ることができる。集団の「当たり前」に影響されにくくなるのだ。「当たり前」に影響を受けるからこそ私たちは逸脱した行為をせず円滑に社会を回していられるが、裏を返せば集団に同調することで、他との差異がなくなっていくとも言える。集団と折り合えているならば、少なからず集団の中央値に寄っているはずなのだ。孤独は人をオリジナルな存在にする。一人の人間が独創的なアイデアを孤独の時間に生み出した例は、歴史上たくさんある。孤独だからこそ、今までにない何かが生まれたのだ。

他者といる時、私たちの注意は他者に向かう。誰かと一緒にいるということは、そこに注意が向かうということだ。人間の意識は、外に向かっている間は内側には向かない。寂しさはなくなるかもしれないが、自分と向き合うことはできない。自分を知るためには、他者との関わりを断つ時間が必要だ。自分自身を理解し、自分の見方の癖に気がつくには自分の内側に目を向ける必要がある。とても行動的で社交的なのに、自分のことを驚くほどわかっていない人がいる。それは外的世界を理解することと、自分の内側を理解することが根本的に違うからだ。

孤独の時間は今まで気づかなかったことを浮かび上がらせる。何かに対し面白いと感じる時、なぜ自分はそれを面白いと思ったのだろうかという問いかけを行うこともできる。風が吹いて心地よいと感じる自分を観察することもできる。だが、外に注意を向けていれば、自分が感じていることに気づかない。熟達の道をいくと、孤独が怖くなくなっていく。それは夢中になる喜びがあるからだ。人は夢中になると、他者からどの程度離れているかを忘れている。逆説的だが孤独を恐れず集中していくことで孤独感は和らぐ。夢中になっている時間は孤独を認識する自我すらなくなるからだ。

熟達の喜び

熟達とはパフォーマンスの質のことなのだろうか。熟達した武術の達人は、未成熟な若い武術家に簡単に勝ってしまうのだろうか。熟達さえすればどのような人でもオリンピックに行くことができるのだろうか。

残念ながらそんなことはない。パフォーマンスには個人差があり才能も大きく影響する。例えばオリンピックに出場するようなスプリンターになれるかは持って生まれた身体のサイズや特徴に大きく影響を受ける。技術の影響は小さくはないが、技術レベルの近い選手が並べば出力の大きな相手には敵わない。例えるなら、いくら卓越したＦ１ドライバーでも小型カーに乗っていれば、格下のドライバーと競争しても勝てないようなものだ。

身体を使わない世界では、熟達と比例して実力が高まっていくことはあり得るが、例えばスポーツではそんなことは起きない。

スポーツの世界でよく言われる言葉に「あの時に今の頭があれば。今あの時の身体があれば」がある。身体のピークは二十代半ばだが、自らを成熟させていくことは永遠に追求可能だ。身体が衰えていくペースよりも早いペースで成熟していけば実力は向上し、遅いペースであれば実力は低下していく。

スプリンターの最高記録は、二十代半ばで出ることが多い。身体的なピークはこの時期にあるからだ。では、二十代で熟達は頂点を迎え、その後は低下していくだけかと言えばそうではない。それは体力としての低下であり、熟達のレベルが低下したということではない。体力は衰えてもその時の条件下で、最も巧みにパフォーマンスを発揮することはできる。

熟達の最大の喜びは身体を通じて「わかっていく」ことにある。ただ頭でわかるのとは違う、「ああそうだったんだ」という深い腹落ち感を伴った理解だ。私の競技人生のピークは二十七歳だった。その後三十四歳まで現役を続けたがピーク後の競技人生はつまらなかったかというと全くそんなことはなかった。自分をより深く理解し、成熟させることはむしろ終盤に向けて加速して行った。熟達にはこのような「身体でわかっていく」喜びがある。

成熟と共に探求が続いていくのだ。何より、自分を扱うことには終わりがない。

この「熟達論」は、私自身の体験と、幸運にも話を聞くことができた方々の体験を集め、私が整理し積み上げた推論である。その意味で、これは私の個人の体験の中間報告のようなもので、科学的な検証プロセスを踏んではいない。私の仮説は普遍的なものなのか、それぞれの分野からはどう見えるのか、またどこに疑いの余地が残るのか、ぜひ多くの方にご意見をいただき一緒に考えていきたい。熟達に関することが一つ一つ明らかになれば、それは私も含め多くの人々にとって大事な学びになるはずだ。

次章から五つの段階への考察を深めよう。

第一段階

遊

不規則さを身につける

最初に、遊びありき

遊びとはついそうしてしまうというものであり、考えたり習得したりするようなものではない。裏を返すと、後から技術的に遊びを習得することは難しい。できないわけではないが、困難を伴うだろう。なぜならば、学んだり覚えようと意識したりすればするほど遊びらしくなくなってしまうからだ。今から遊びなさいという指示のもとでは遊びにはならない。思わず浮かんでくるいたずら心、こうしたらどうなるんだろうという好奇心、そういった内側から自然に湧き出るものにかられて遊びは生まれる。思いつきたいから思いつくのではない。つい思いついてしまうのだ。最初の段階に遊びを置くことで、自ずと立ち上がる自らの感性を肯定し、壊さずに前に進める。

遊びに失敗はつきものだ。先が見えない道を選べば、当然失敗する可能性がある。だが、失敗は悪いことばかりではない。「引っ掛かり」を生むのだ。想像していたのとは違う結果になったのはなぜか。どうしてうまくいかなかったのか。この「引っ掛かり」が推論を引き起こし、失敗の理由を考えつめていくと、それが学びに昇華《しょうか》されていく。

「計画した、そして計画通りになった」の中には「引っ掛かり」が生まれにくい。だから推論も生まれず、より深く理解することもできない。遊びは軽率さをも含んでいるが、だからこそ計画とは違う行動が生まれ、ときには失敗を引き起こし、それが学びを生み出す。特に経験を積み重ねて何が起きるか予想がつくような段階になると、この遊び的要素の大小によって失敗の頻度が違ってくる。失敗しなくなればそれ以上大きく成長していくことはできない。計画通りに学んでいく世界は、どこかで限界が来るからだ。

目的に向けて最適化をしようとすると、不規則さが拒否されがちになる。だからこそ最初の段階で遊び心を育んでおく必要があるのだ。

遊びとは何か

熟達に至る道の第一歩は「遊び」から始まる。最も扱い難いながらも、前に進み展開を広げていく熟達の重要な原動力である。

遊びとは何か。子供が砂場で遊ぶことも、大人がハメを外すことも遊びと呼ばれる。少し余白があることを遊びがあると言い、「少し遊んでみましょう」という言葉は本来の目的とは関係のない寄り道や無駄な行為を表す。このように遊びという概念は幅広い。

この熟達論の中では遊びを「主体的であり、面白さを伴い、不規則なものである」と定義したい。

まず遊びは、強制されては成立しない。遊ばなければならないから遊んでいるとすれば、それは義務的な行為になる。自ら行おうとしてこそ遊びは成立する。

面白いからやっているのであって、役に立つからではないのが遊びである。より生産的だから遊ぶ、という理屈は成立しない。結果として役に立つことはあっても、役に立つという理由で遊ぶことはできない。

そして、遊びには必ず余白があり、どうなるかわからないところがある。計画してすべてが想定通りに進むのであれば、それは遊びとは言わない。結果として計画通りだったとしても、もしかしたらそうならないかもしれないという不規則さが潜んでいてこそ遊びになる。

このように遊びとは、誰かに指示されるものではなく、役に立てるために行うものでもなく、規則的なものではない。では、遊びは一体何をもたらすのか。

不規則さを抱え続ける

遊びは、熟達の道において「不規則さ」を生み出す。遊びがあることで完全な予測が不可能になり、ある状態にい続けることが許されなくなる。自分の意図通り動かず、結果を予測できなくなる。これが熟達プロセス全体において大きな役割を果たす。

目標を持ちそこを目指していくことは、何かに最適化されていくことでもある。走ることであれば馬のように、泳ぐことであれば魚のように、要求される行為に適した形になっていく。そうなるとどうしても目標が求める条件に自分自身をあてはめていきがちになる。しかし、一度自分を固定してしまえば、そこから発展はない。目標を持ちそこに向けて計画を立て実行することで、私たちは成長していくことができるが、そのこと自体がある枠組みにとらわれる危険を孕んでいる。

私たちは、未来は予測でき、将来は計画できると思いがちだが、現実にそんなことはあり得ない。どんな未来予測も、少しの条件の違いで結果が変わってしまうからだ。データは、繋がっている世界の中から一部を抜き出したもので、参考にはなっても世界そのものではない。世界の情報すべてを完全に把握すれば未来の予測は可能かもしれないが、そんなことは不可能だ。

自分自身ですらどうなるか予測できない。技能も実際に前に進んで習得してみるまで、どんな感覚で行なっているのかを知ることができない。あんな風になれたらと憧れている世界と、実際にたどり着いた世界では異なる風景が広がっているものだ。つまり目指す姿を知らないままに、私たちは歩み始めている。始めた当初に思い描いているのは、その時に知っている限られた範囲での到達点だ。

トレーニングの質は二つの要素によって決まっている。「適応」と「馴化《じゅんか》」だ。人間の身体は同じトレーニングで刺激を加えると、それに対し適応する性質を持っている。腕立て伏せを続ければ、腕の筋肉が太くなり回数をより多く行えるようになるのはそのためだ。部位だけではなく刺激の方向性も同じで、長く走れば長く走れるようになり、力を強く使えば力が強くなる。ところが適応していくと、徐々に反応が鈍くなる。同じ刺激を続けていけば身体がそれに慣れてしまい、あまり変化が起きなくなるのだ。それが「馴化」である。これは進みすぎた適応が引き起こしている。

馴化が起きれば、違う類のトレーニングを行う方がより効果が大きくなる。仮にそのトレーニングが本来の競技特性とは違っていても、その方が良い。長距離走者に「馴化」が起きれば、短距離走者のようにダッシュをした方が刺激が大きくなるのだ。

言ってみれば「慣れた正しいトレーニングより、慣れていないトレーニングの方が効果が高い」ということだ。

だからアスリートはある頂点を目指しながら、そこに向けてまっしぐらではなくジグザグに進んでいく。山登りで言えば、山頂を目指しながらも右の方向に進んでいき、大きく振れたあとは左に舵を切り直し進んでいく。まっすぐに頂点に向かえばトレーニングがワンパターン化し、成長が止まってしまうからだ。

私はどのようなトレーニングにも必ず変化をつけるようにしていた。時には競技場を反対回りに走ったり、後ろを向いて走ったり、砂浜を走ることもあった。トレーニングパートナーに頼んで、私が目を瞑っている間にハードルの位置を前後にずらしてもらうこともあった。同じトレーニングを積み重ねるよりも、不安定にする方が結果として成長し続けられた。何より本音を言えば私自身が飽きやすく、新しいことを行なって自分を飽きさせないようにしたかったからだ。競技人生は短いので、行き詰まったと思ってから変化させるのでは遅い。こちらから変化を生み出し、自分自身が安易に安定しないように常に揺さぶり続ける必要があるのだ。

遊びがなければ、目的に向けて一直線に正しいことをやろうとする。それは自らをしっかりと安定して固定させるには向いているが、上達していくにつれ変化が生まれなくなり、同じパターンを繰り返すようになってしまう。遊びという揺らぎを内側に抱えることで、新しい展開を生む状態でい続けられる。

遊ぶとは広げる行為であり、秩序が固定される前にそれを壊す行為でもある。幅が広がり、違う展開を生む。

それはある目的にまっしぐらに向かうより非効率に思えるが、後から長い目で振返ると可能性を広げる行為になる。遊びがあるからこそ自分の想像の壁を越えられる。熟達プロセス全体にとっての遊びの大事さが想像してもらえるかと思う。

二つの報酬システム

遊び自体は目的を持たないので、面白いからという以外に、行う理由はない。面白さは、成長したり、意味があるから感じるのではない。面白いことだけで完結している。この面白いからやっているという感覚が最後まで重要であり続ける。

私たちが何かを目指すのは、動機があるからだ。動機がないことに対し、人は取り組み続けることはできない。どんなに良い学び方があったとしても、それを続けたいという気持ちが起こらなければ意味がない。

人間の動機には二つのモデルがある。一つは未来報酬型だ。未来報酬型は、今を我慢して将来に報酬を得るモデルだ。目標を立てそのために我慢をし、将来目標が達成されることで報われる。目標が定まっているので、どちらに向かうのかが明確だ。往々にして何かを達成した人の物語はこの未来報酬型を基本として作られている。

もう一方の現在報酬型は、それを行うこと自体から報酬を得ていくモデルだ。行うことそのものを面白いと感じ、それに突き動かされる。現在報酬型は今に注目しているのでどちらに向かうかわからないところがある。遊びの世界はこの現在報酬型である。

私たちは、社会に出ると頻繁にこのように問いかけられる。

「何のためにやっているのですか」

「目標は何ですか」

アスリートであればその度に「もっと素晴らしい選手になるために努力しています」「世界の舞台で活躍することが目標です」などと答えることになる。質問と回答を繰り返していくうちに、無意識に自分の中に「目標」とそのための「努力」の関係が作られていく。また子供向けの漫画やアニメにも、目標を立て、努力し、達成するという構造の物語がよく見られる。社会の大部分はこの未来報酬型モデルで出来上がっているために、意識しなくても自然とこのモデルが身に付く。

動機さえ続くならどちらのモデルでも構わない。だが、長い道のりの途中で必死で努力しても、目標が達成されずモデルが維持できなくなることが起きる。未来報酬型モデルは基本的に今を犠牲にし、将来に報酬を得ようとすることだから、うまくいかなくなると、今やっていることの犠牲感が強くなる。報われないという気持ちが大きくなるのだ。その時にこれまで費やした努力を無駄に感じるかもしれない。どうせうまくいかなかったのなら違うことに努力を向けていた方がよかったのではないか。ただ楽しんで毎日を過ごした方がよかったのではないか。そんなことを考えるかもしれない。

大きな目標を達成して、燃え尽きてしまうこともある。もちろん目標を達成したら次なる目標を立て、そこで達成したらさらなる目標を立て、と次々に進んでいくことは可能だ。しかし、多大な我慢と犠牲を伴わなければ達成できない目標を掲げ、それを達成した場合、疲弊してしまいすぐには次に向かえないこともありうる。しかも、このサイクルには終わりがない。向上し続けようとするならば永遠に目標を立て、そこに向かって努力し続けなければならない。

人間の心にも限界があり、ある閾値《いきち》を超えると耐えきれなくなる。タンクの中のガソリンがなくなってしまえば車がまったく動かなくなるのと同じように、心の燃料を使い果たしてしまうとそもそも何かをやりたいという気持ちが湧いてこない。この未来報酬型は、心の燃料を消費しながら目標を達成していく。だから消費し尽くされるリスクがある。

「面白い」に意味はいらない

面白いからやるということには何の意味も目的も理由もない。なぜやるのかと言われても、結局「面白いから」としか答えようがない。行うことそのものが報酬だからだ。このような動機は、面白くなると行わなくなるという点でムラがあるが、報われないと苦しんだり、やりすぎて燃え尽きたりすることがない。

先述した通り、社会においては頻繁に「それをやる意味」を問われる。問われれば、しっかりと答えなければという気持ちになる。もし「ただ面白いから」と答えても、聞いた人は満足しない。あなた自身も納得しないかもしれない。このような質問ばかりが飛び交う社会で育てば当然だろう。理由をはっきりさせ、目的を定め、意味のあることだけをやるのが効率的となる。そうすれば複雑な社会の中で無駄を省き、早く目的を達成できると教えられるからだ。意味のない行為を取り除くように私たちは育てられている。

競技人生で初めてメダルを獲得した時のことだ。世界でメダルを獲るという私にとって思い切り高い目標を立て、そこに向けて努力をし続け、ついに達成した。日本人初の短距離種目でのメダルということもあり社会の注目も集まった。その後、さらなる目標を決めて、そこに向けて計画も立てた。だが、どうしても気力が湧いてこない。朝起きると目の前に靄《もや》がかかっているようだった。グラウンドに行っても、身体が重たくて動かない。燃料が空っぽになったようで、何に対しても心が動かなくなった。

半年ほど経ち、目標や計画など未来を見るのではなく、今の自分の心を見るようにした。その時に基準にしていたのが「面白いと感じるかどうか」だ。心が面白いと感じるか日々観察しながら、計画も自分の心の状態に合わせて変えるようにした。

心が動かなくなればすべての目標も計画も意味をなさない。にもかかわらず、本来最も貴重で、それがなくては何も成立しないはずの心は蔑《ないがし》ろにされがちだ。どんなに乱暴に扱っても、当然動き続けるものとして捉えられる。

面白いからやっているという感覚があれば、自分の心を守ることができる。社会に生きれば頻繁に、何のためにやるのかと自問することが出てくる。うまくいっている時はいいが、うまくいかなくなると計画通りやらなければという思い込みが、自分を追い込んでいく。面白いから行うという感覚は一つの防波堤である。何のためでもなく、ただやりたいからやっているのだと思い直すことができる。これを頭で理解するのではなく、身体で覚えるために「遊」の考え方がある。

思いきり動く

思いきり動くことは重要だ。ただ範囲を広げたり、大げさにするだけではない。躊《ちゅう》躇《ちょ》なく、心の赴くままに、伸びやかに、全身で、躍動感を持って、連動させて動くということだ。

トップスプリンターの身体のデータを取ると、オリンピックに出るレベルの選手と、その一つ下のレベルの選手では能力にそれほど大きな差がない。筋力を測定しても、身体の形状を測定しても、目立つ違いがないのだ。にもかかわらず実際のパフォーマンスには差が出る。その差については、科学的には説明しきれていないが、思いきり全身の力を使いきれているかどうかだというのが、私の考えだ。思いきり動くとは、持っているポテンシャルを発揮しきることである。いくらポテンシャルを持っていても、発揮できなければ、結局ポテンシャルがないことと変わらないのだ。

実際に人間が何かをする際、意外と思いきり動いていない。例えば歩くという行為は足だけで行なっているように見えるが、全身を使って行うと躍動感が飛躍的に増す。歌は喉と呼吸だけで発声することもできるが、オペラ歌手は信じられないほどの大きさの歌声を出すことができる。日常的に行うことも全身で取り組むかどうかで、質の違いが生まれる。

また私たちは何かに取り組む際、無意識にでも発生しそうな問題を事前に頭の中で予想し、その問題が起きないようにしている。そのおかげで問題が避けられるのだが、その一瞬の警戒、一瞬の予測が、躊躇を生んでもいる。躊躇が良いパフォーマンスを阻害するのだ。思いきり動く時にはこの躊躇がない。それはある意味で向こう見ずなことでもあり、失敗を生むこともあるが、一方で動きに淀みと迷いがなく勢いが生まれる。

目標に対し、自分自身の思考や経験、五感を総動員し、達成を目指すのが、思いきり動くということだ。自分が傍からどのように見えるかを気にせず、対象に深く集中するのである。

思いきり動くことは難しい。普段私たちは周囲の環境に合わせながら生活をしている。例えば声の大きさは、周辺の環境に合わせて変えていく。電車の中では小声で、騒がしいバーの中では大きな声で話す。常に声の大きさは抑制されている。大人にいきなり大きな声を出させると、大体一度目ではそれほど大きな声は出ない。「そんなものじゃないでしょう」「前の人はもっと大きな声を出しましたよ」などと話してから二度目を行うと一度目よりも大きな声が出る。日常で抑制することが当たり前になっていて、抑制しているという意識すらなくなっているからだ。そういう時は決まって、大きな声を出した後に自分にこんな大きな声が出せたのかと本人が驚いている。

思いきり動くという感覚は体験してみないことにはわからない。全身で思いきり動いたことがある人は、自分自身が部分的に動いたり躊躇している時に、思いきれていないと自覚できる。しかし思いきって動いた経験がなければ、躊躇していることすら自覚できない。だから細かい技能を覚える前に、まず思いきり動く体験をしなければならない。思いきりのいい世界があることを知ることができれば、あとは制御の話になる。

全力が先、制御は後

投げるという行為を考えてみよう。アプローチはなんでもいいからボールを投げて遠くにある的《まと》に当てる場合、走ってきて投げたり、ジャンプしながら投げたり工夫しながら、どうすれば的に当たるかを試行錯誤するはずだ。投げるという行為は地面から力をもらい、身体を介してボールに力を加えるので、腕だけでなく、足も胴体も重要だ。要するに全身を使って力をうまく伝達させればボールは遠くに飛ぶ。最初はおかしな投げ方でも、繰り返すうちに全身を連動させて使うことを摑んでいく。

一方で、最初の段階から正確なフォームを求めることもできる。見本を提示し、地面の踏み方や、立ち方、投げ方を一つ一つ教えることでとても良いフォームが出来上がる。おそらく先ほどの例と比べてかなり早い段階で良いコントロールを手に入れるだろう。

ではその先、どのような道を辿《たど》るのだろうか。「フォームは気にせず的だけ狙っていた人」は既に思い切り動くことは経験しているので後でフォームを調整していくことになる。一方、「最初から正しいフォームを覚えた人」は正確には動けるので後から思いきり動くことを覚えようとするだろう。問題は後者は正しい動きに注意を向けることから始めたから、何かをする時に常に自分に注意を向ける癖がついていることだ。だから何にも考えずにただ的を見て思いっきり狙うことができない。狙いながらもつい正しく動けているかが気になってしまう。前者にはそれがない。「フォームは気にせず的だけ狙っていた人」の方が可能性が拓かれやすい。

なぜそうなるのか。人間が正しく動き、正確に行おうとする時、必ず制御する意識が働く。無意識に一つ一つの行動が正しいかどうかをチェックし、マルバツをつけている。この自らを評価する視点が技能を抑制してしまう。

厳しく叱られながら育った人間は、目指すべき標的ではなく評価者に注意が向かうようになる。わかりやすい例で言えば、失敗した時やうまくいっているか不安な時に必ず評価者の顔を窺うのだ。一度そのような癖がつくと、評価者がいなくなったとしても、今度は自分自身が評価者となり自分のやっていることをいいか悪いかジャッジするようになる。常に正しいかどうか評価をする視点が抜けないのだ。叱られなかったとしても最初に「正しさ」から入ってしまうと同じことが起きる。的に当てることより、正しく動くことに意識が向かってしまう。

しかし、自分を評価しながら、思いきり動くことはできない。そもそも正しいかどうかは意識にすら上がらず、的に当てられるかどうかだけに集中している。抑制癖とは、細かく自らを評価する癖のことである。それは正確に動くことには効果的だが、同時に思いきり動くということを抑制することにもなる。なぜなら、大雑把で無駄があったとしても、全体としては大きく勢いよく動くのが「思いきって動くこと」だからだ。

当然、熟達の道を行く過程で、抑制していくことが求められる場合もある。正確な技術を身につけていなければ自由に表現することすらできないクラシックバレエや音楽などの世界がその典型だ。だが、思いきりのよい勢いがあるのとないのとでは、正確さを追求した先に大きな差が生まれる。自分自身を全身で表現する勢いが、最後には表現の大きさを決めるのだ。

ただでさえ人間は経験を積んでいくと、どんなことが起きるかを予測できるようになり、向こう見ずではいられなくなる。そして自分を抑制するようになる。それが賢くなるということでもあるが、裏を返せば自らの表現の器の大きさに制限をかけることでもある。だからこそ最初のうちに思いきりやる感覚を覚えておく必要がある。経験はときに可能性を潰すのだ。

思いきって動いた感覚が過去にあるだけで、抑制をするのか外すのかを選択できる。

最初に抑制から入ってしまうと、自らを押さえつけていることにすら気づかなくなってしまう。

ごっこ遊びは、なぜ成立するのか

目標に取り組んでいく際に、次第にはまり込んでいくことがある。どうしてもオリンピック選手になりたい人は、出場することが人生の目的となっていく。そうした熱中が加速すると徐々に周りが見えなくなり「それしかない」という状態にはまり込んでいく。それは技能を深めていく上では特効薬的な役割も果たすが、同時に自分自身の首を絞めていく危険がある。すべてを一点に賭けるなら、成功しなければ元も子もなくなる。また、あまりにも視野が狭くなると、小さな部分にこだわりすぎて力が発揮できなくなる。自分が見ていないところで起きている大きな変化に気がつけなくなるからだ。このような危険な視野狭窄《きょうさく》状態をうまくかわしていくにはどうすればいいのか。

例えばごっこ遊びというものがある。子供たちが、砂場でおままごとをしていて、

「今日の晩御飯はカレーライスよ」と言いながら、おもちゃのお皿に土を載せる。
「わぁ今日は僕の大好きなカレーライスだ」と言いながらそれを食べるふりをする。

この他愛もないやりとりの中には二つの相反する姿勢が組み込まれている。例えばこんなのただの土じゃないかと馬鹿にすれば、ごっこ遊びは成立しない。一方で、カレーライスと言われたからといって本当にそのまま食べてしまえば、相手もびっくりするだろう。本気でそれを信じてもごっこ遊びは成立しない。

それが虚構であると知っていながら、本当のように振る舞うからこそごっこ遊びは成立する。遊びは微妙なバランスに立つ。スポーツは本気でやるからこそ面白いが、一方で試合の勝ち負けを引きずって、負けた相手をずっと恨むようなことがあれば、弊害が大きい。文化祭にクラスで演劇を上演する時に、こんなのお芝居だからとくすくす笑っていたら劇が成立しない。遊びが成立するのは、本当でありながら虚構でもあるという状態を、その場を形成する皆が暗黙に了承しているからだ。

高みを目指していくことは、人によっては人生を賭けた重要なものになる。探求には時間も労力もかかる。重要なものでなければ、自らそれほどのリソースをかけることはないだろう。

熱意は私たちを突き動かすが、一方で、時に私たち自身を蝕んでいく。人はこれが重要なことだと感じるほど、それに取り組む際に重圧を感じやすいからだ。

音楽家にバジル・クリッツァーさんという方がいる。留学先の音楽学校で、試験になると緊張してしまい、専門のホルンをうまく演奏できないという悩みを抱えていた。悩んだ挙句、カウンセラーの元に相談に行くと「もしかしてあなた、自分が音楽家になれなかったら生きていけないと思ってない?」と聞いてきた。「そうです」と本人が言うと「それよ。今からなんでもいいから音楽家になること以外のもう一つの目標を見つけなさい」と言われたそうだ。そうして別の目標を見つけると途端に試験で力が抜け、合格することができた。

これしかないという感覚も、うまくいっていれば問題はない。だが、自分でも気づかないうちに視野が狭くなりはまりこんでしまうなら問題だ。周りが見えなくなる時、それに自分自身で気づくことは難しい。

それしか見えなくなっている時に、ふとこれがだめでもいいじゃないかと冷静になれる、もう一つの見方が必要なのだ。別の見方を走らせることで、守りに入って力が出なくなることを避けられる。これがすべてではないという感覚はクッションのような役割を果たす。追い込まれる寸前の自分を救済するのだ。

失いたくないと守りに入る

人はなぜ重圧を感じるのだろうか。どうでもいいものに対して私たちは重圧を感じない。欲しいものを手に入れ、失いたくないものを守れるかどうかの局面で重圧を感じる。だから重圧とは自らが抱えている欲求や恐れが表に現れたものだと言える。他人にどう思われても構わないと思っている人間は、人前で重圧を感じにくいが、社会的な評価が欲しい人間は、人前で重圧を感じる。

重圧自体は悪いものではない。重圧を感じるのは何かが欲しいからで、それがあるからこそ意欲が生まれる。重圧によって人は追い込まれるが、重圧に打ち勝つことで今まで発揮したことがなかった大きな力を出すことができる。問題は、重圧を感じることや緊張することではなく、重圧によって心が守りに入ってしまうことなのだ。

その重圧が最も悪い形で現れるのは、失うことを回避しようとする場面である。例えばサッカーの試合では、勝利は試合終了の瞬間に確定するが、選手の心の中では試合中に勝利に近づいたり遠ざかったりと揺れている。試合終了五分前に三点差でリードしているなら、選手たちは勝利をほぼ確信しているだろう。最近ではスポーツのメディア中継で、試合中にどちらが有利かをパーセンテージで示すようになっているが、あれと同じことが選手の心の中でも起きている。

先ほどの音楽の試験も、合格は試験官が判断を下した瞬間に確定する。だが、演奏をしている当事者の心の中では揺れている。序盤では合格するかどうかわからないと感じている。だが、終盤までうまく演奏ができていれば、合格が手に入りそうだという感覚を持つだろう。

人間の心はもう手に入りそうだと感じると、同時に失いたくないという恐れを抱く。すでに手に入ったという幻を見てしまい、それを失いたくないと考えてしまうのだ。この幻が崩壊を引き起こす。

演奏終盤で一瞬でも「あとは失敗さえしなければ」という気持ちが芽生えると、途端に心が守りに入る。せっかくここまでうまくやったのにここで失敗をすれば合格が失われてしまう。失わないために問題が起きないようにしなければ。とにかく一つ一つに気をつけて失敗のないようにしよう。すると動きは小さくなり、正確さを求めて手先は震え始め、思い切りも躍動感もなくなり、今までが嘘だったように演奏が不安定になる。一旦心が守りに入ると、あっという間転落していく。

これを回避することは容易ではない。そもそもなぜ守りに入るのかというと、それが欲しくてしょうがないからだ。一生懸命努力をしていればいるほど、焦がれた時期が長ければ長いほど、手に入りそうになると守りに入る力は強くなる。たいして欲しくないものに対しての方が人はのびのびと動ける。だからといって、欲しくてしょうがないものを「どうでもいい」と思い込むことは難しい。緊張するからと目を背けたところで、自分を誤魔化すことはできないのだ。

これはピントの問題だ。欲しいものを直接見てしまえば、それが重要なものであるほど目を離せなくなる。一〇〇メートル選手で、ゴールの一〇メートル手前になると必ず身体が硬くなって失速してしまう選手がいたが、その選手にコーチがアドバイスしたのは「ゴールの一〇メートル先を見ろ」というものだった。ゴールのさらに向こうに目標を設定することで、ゴール地点はプロセスになる。人間はプロセスに没頭している間は自然に動ける。我に返り、状況を客観的に見てしまい、勝敗を意識することで緊張が生まれるのだ。だからすべてをプロセスにすることが重要で、そのために目的を持たずただ楽しいからやる「遊」の感覚が効くのだ。

「遊」とは頭で学んだり習得したりする類のものではなく、感覚に近い。遊び的要素は今後の四つの段階すべてにも関わってくる。だから、最初にその感覚を覚えておくことが大事なのだ。

主体性の本質とは何か

遊びは強制されては成り立たない。遊びの成立条件として、「主体的であること」を紹介した。主体的であるとは、「自分で考え変化を起こそうとすること」だ。

だが踏み込んで考えると、主体性とはそれほどはっきりしたものではないことがわかる。考えて動くこと自体も、外部からのインセンティブの設計で促すことができる。例えば変化を起こした人の報酬を大きくしたり、変化を起こさなければ生き残れないような状況にしたりすれば、人は変化を起こそうとする。その点ではある程度自分で考えて動くことを強制することはできる。

だが、それは主体的に見えていても本人の外部環境に報酬と罰というシステムがあり、その人が誘導された結果だ。その証拠に、外部システムによって生まれたやる気は報酬と罰がなくなれば減少していく。

外部由来か、自分発かも曖昧だ。友人に無理やり誘われてボードゲームを始めて、だんだん面白くなってのめり込む場合は、始まりは外部から強制されているかもしれないが徐々に主体性が生まれている。私たちの動機自体が、外からの刺激と内部の欲求の相互作用に依存している。

だがその中でも、外部環境に影響を受けにくく継続的に主体性を生み出し続けるものもある。それは好奇心だ。その先に何が起きるのかを見てみたいという好奇心が原動力となり、誰に頼まれたわけでもなく興味に突き動かされるのだ。興味が行動を引き起こし、行動が変化を引き起こす。

好奇心には善悪がない。チームを良い方向に導こうというのも、悪戯《いたずら》を仕掛けてしまおうというのも同じ好奇心からくる。いつもとは違うことを仕掛けてどうなるか見てみたいというのが好奇心なのだ。だから良い好奇心だけを育てようとする取り組みはうまくいかない。好奇心は無邪気な子供のようなものである。

心の中の「子供」を守りきる

好奇心があっても勇気や自信がない場合は行動できない。変化を起こそうと行動する時、その人には変化への期待感がある。一切変化しないなら人は何も仕掛けない。

雨乞いをしていたのは、願えば天気を変えられると信じていた時代までだ。願っても変わらないとわかった後は、雨乞いは行われなくなった。

人間関係でも同じことが言える。例えばスポーツにおいてコーチが「提案させるが採用しない」「意見を言わせるが聞かない」ことを繰り返すと、選手は提案も意見も言わなくなる。やっても無駄だと学習するからだ。人が好奇心から行動したくなるのは変化する可能性があるからで、それがないとわかれば人は沈黙する。

だから、人が主体的に行動するようになるには、やれば変わったという原体験が必要となる。「やれば変わる」と信じられる成功体験を得ることで、主体性を持つきっかけになる。

実際に行動するには勇気がいる。だが、誰も最初から勇気を持ち合わせてはいない。勇気を持つには成功体験を積み重ねるしかない。まず小さな一歩を踏み出す。うまくやれたならそれが自信になるし、うまくいかなくても大したことにはならない。この小さな一歩を繰り返し、少しずつ勇気を育んでいく。

この勇気を阻むのは、「恐れ」である。人間は現実の「危険」よりも大きな範囲を「恐れ」ている。例えば子供の頃、大きな犬に吠えられ、大人になってもすべての犬が怖いという人がいる。犬にリードがついておらず、しつけも行き届いていないのなら本当に「危険」かもしれない。だが、もちろんすべての犬が「危険」なわけではない。「危険」と「恐れ」の間にはギャップがあるのだ。この「危険」と「恐れ」の中間地帯に踏み込むことで成功体験を得ることができる。踏み込めば予想外のことが起きる可能性があるのは間違いないが、それがどの程度のものなのかはやってみなければわからない。そしてほとんどの場合、人は実際に起きることよりも過大に「危険」を見積もっている。やってみれば、たいしたことではないと納得するものは多い。

好奇心を引き出し、行動させるためには、「変化が起こせる」という事実を体験させるのが一番だ。仮に本人のやることが外から見て愚かに見えたとしても、「やれば変わるのだ」という感覚を持つことの方がよほど大事だ。行動し試行錯誤の回数が増えれば、必ず成長していく。失敗すれば学習の機会はいくらでも作れるが、失敗させることが最も難しいのだ。

好奇心は内側から出てくるもので、思うようにはならない子供のようなものだ。主体性を育むのは、自分の心を五、六歳ぐらいの子供だとして捉え、その子供を目的の方向に連れていく作業に似ている。しかも直接触れない形でだ。子供が好きそうなものを置いてみて誘導し、行ってほしくないところには嫌がるものを置く。時には言葉で誘いながら、言葉で制限をする。とはいえ、あまりにも直接命令したり強制的に禁止したりすると、子供は怯えてその場から動かなくなってしまうかもしれない。子供が一切自分から動かなくなる状態こそ主体性を失った状態だと言える。子供に強制されたと感じさせず、けれどもまったく放任でもなく、あくまで自分の意思で進んでいると思わせながら大まかに誘導する。少し近づいてこまめに誘導し、離れすぎないようにし、子供の心をよく観察しながら距離感をコントロールする。磁石が近過ぎればくっつき、離れればそもそも引っ張れないのと同じだ。微妙に磁力が及ぶ範囲を見極めてその距離感で自分の心の中の子供を誘導していく。

主体性を保つということは、心の中の子供を守りきるということである。時に思うようにいかなくて苛立つかもしれないが、心こそが私たちに主体性を感じさせている正体でもある。子供の意思を無視して強引に進めることもできるが、後々大変なしっぺ返しを喰らう。やる気が出なくなり、「自分」を生きているという実感がなくなるのだ。

心を大事に扱い、生き生きとさせておくことが主体性を活性化させ、やってみようという挑戦心を引き起こし、変化を起こし、学びを生む。心はまさに遊びの感覚の中心にある。

変化とは文脈からずれること

わざわざ変化を促さなくても世の中は常に変化している。例えば季節は常に変わっていく。芽が出て、育ち、実がなり、いずれ枯れていく。芋虫が蛹《さなぎ》になり、蝶になって羽ばたいていく。人間自体、生まれて成長し、老いていずれ死んでいく。このような変化は、誰の意図でもなく起きていく。

チームスポーツにおいても、常にメンバーは入れ替わっている。チームとして成長し、前にはできなかったことができるようになる。そのチームを構成する一人一人の選手も変化している。人間を構成している細胞は常に入れ替わっている。むしろ変化するのが普通で、当たり前の生命の営みだ。ではここであげている「変化」とは一体何なのか。

変化とは、文脈とは異なる方向に向かうことである。文脈とは予想されるパターンを指している。昔話の次の展開がだいたい読めるのは、昔話全体に文脈が存在するからである。いくつもの昔話を読むことで、その文脈を私たちは認識しているからこそ、次の展開が予測できる。芋虫が蛹になり蝶になることは、初めてそれを見る子供にとっては驚くべき変化の連続かもしれないが、そのパターンを知っている大人にとっては当たり前の結果となる。このように社会には文脈が無数にあり、変化の程度は、文脈からどの程度意外な方向に外れるかで決まる。

「飽きる」とは、パターン化され変化が起きなくなったことに対する人間の自然な反応だ。何度も繰り返すことでパターンが見えてきて、この先も何が起きるか予想できた時に人は飽きる。だから変化を好む人間は飽きが早い傾向にある。自分の中で何かがパターン化されることへの察知が早いのだ。

遊び続けることは想像しているよりも難しい。赤ん坊は「いないいないばあ」で面白がることができるが、成長し年齢を重ねればすぐ飽きるようになる。人間は成長するにつれ、多くの経験をしていく。そして何をしたらどんなことが起きるのかの予想がつくようになり、昔面白かったことも面白く感じられなくなっていく。面白さを感じ続けるためには、変化による驚きが必要なのだ。変化は必ずしも大きなものでなくても構わない。自分なりに変化の実感が感じられることが重要だ。

だからただ変化が起きるのを待つだけでは、遊び続けることはできない。身を委ねるだけであれば、いずれ社会の文脈の中に自分が組み込まれていくからだ。遊び続けるには自ら変化を引き起こし、その変化によって新たな展開を生み出す必要がある。

時には自分自身の感じ方を変化させてもよい。変化によって自分で自分を飽きさせないようにしていくのだ。

遊び続けられるかどうかは、自分で自分を面白がらせる主体性を持ち続けられるかどうかにかかっている。私たちは直接自分に命令し、飽きを感じないようにすることはできない。心が勝手に飽きてしまうのだ。だから、ずっと面白がれるように、柔軟に心を扱わなければならない。主体性を守り育む必要があるのだ。

遊びが持つ不規則さは、状況が最適化され固定化することを防ぐ。遊びは主体性を生み、文脈に対し変化を起こそうとする。変化が起きることでそれ以降の世界の広がりが大きく違っていく。しかし、この遊びだけでは熟達の世界は深まっていかない。さらに先に進むには、土台となる「型」を手に入れる必要がある。

第二段階

型

無意識にできるようになる

型とは何か

「遊」の章では、変化を起こすこと、面白さに突き動かされることを説明したが、それだけでは探求が止まってしまうことがある。手順を踏んで習得していかないと、先に進んだときにうまくいかなくなるのだ。遊の次の段階は「型」である。

本書では型を「土台となる最も基本的なもの」と定義する。目指すのは何も考えなくてそれができる状態だ。

走る行為における型とは「片足で立つこと」だ。トップスプリンターは一秒間に五回弱足を回転させ、最高速度は秒速一二メートル付近で走る。腕も足も大きく動き、目まぐるしい。だがそのすべての推進力は、片足が着地している約〇・一秒間に生み出されている。突き詰めれば、走りの局面は着地か、着地のための準備か、しかない。片足で地面を踏んで力をもらい、自分を前方に運ぶ。その繰り返しが走る行為なのだ。

着地の瞬間には体重の五倍もの力が地面に加わっている。それだけの力を生み出すにはしっかりと身体を支えられる姿勢を保っていなければならない。その着地の姿勢が「片足で立つこと」だ。

片足で立つことはそれほど難しくないと思われるが、その精度には熟達者と普通の人の間で圧倒的な違いがある。私は二十五年間競技をやっていたが、最後の瞬間まで、どうしてもっとうまく片足で立てないんだろうと悔しくなることばかりだった。

人体には、下半身だけでも足首関節、膝関節、股関節、さらに上半身と幾つもの関節があり、それぞれに適切に力を入れなければ直立姿勢を保てない。ただ固めるだけではなく、必要な箇所に必要なだけ力を入れなければならない。特に重要なのは、最も大きく強い筋肉で姿勢を支えることだ。これが十分ではない場合、姿勢を支えきれない。一度体得したと思っても、しばらくすると姿勢が崩れることもあり、常に型をチェックする必要がある。

競技をしている時代に何度もスランプになったが、毎回戻る原点が片足で立つことだった。まず片足で立ち、反対の足を上げる。上げている足を下ろすと同時に着いていた足を上げる。その場で、足踏みをすることをただ繰り返す。シンプルな動きだが、いつも、このトレーニングで片足で立つ感覚を取り戻していた。

世の中には流行りすたりがある。新しく生まれたスター選手がやっているトレーニングは、どうしても気になる。新しい理論が出てそれに皆が飛びつくと、自分もやらなければ置いていかれるのではないかと焦る。しかし、ほとんどの流行はいずれ過ぎ去っていくものだ。そして、残るのは前から言われ続けていた当たり前の基本動作である。一番大事なことはほとんど変わらない。だから、型自体は拍子抜けするほど簡単なことなのだ。

型とは、それ無くしては他の技術が成り立たない土台である。身につけられればその後の技能は大きく外れない。土台がしっかりしていないと、どんなに問題を解決してもモグラ叩きのように、すぐ次の問題が生まれる。あらゆる技能は型の上に成立しているのだ。

使える技能は無意識化される

人間の技能は階層のように積み重なってできている。何かができるのは、それを支える技能があるからだ。

自由に技能を使いこなせるようになると、それを使っているという意識すらなくなる。私たちは言語を扱うことができるが、その言語一つ一つを意識するようでは会話に集中できない。また使えているとも言えないだろう。自由にその技能を使うということは、無意識でもきちんと機能するということを意味している。それができればその上に次の技能を重ねていくことができる。

ハードル競技は、越えるべきハードルへの踏切位置を毎回調整し、ハードルを越えなければならない。未熟な段階では、ハードルに足を合わせることに必死で、ハードルの越え方にまで意識が及ばない。何度も繰り返し、何も考えなくても自然と足を合わせられるようになって、ハードルの越え方を考える段階に進める。

ロボット技術の世界にチャンク化という言葉がある。ある一連の動作がひとまとまりとなって記憶されることだ。無意識で行えることはまさにこれで、実際に人間の運動もあれこれ考えながらやっていた動作が習得されると、一つのきっかけだけで一気に連動するようになる。まるでボタン一つ押せば連動して動くからくり人形のようなものだ。

積み木を例にして考えてみよう。なるべく高く積み木を積むのであれば、最も重要な積み木は一番下の積み木である。この積み木がいかに安定しているかによって、高さは決まっていく。この積み木の一つ一つが先ほど説明した「無意識でできるようになった技能」である。型とはこの一番下の積み木にあたる。

人間は個性を持っているから、積み木の形もバラバラだ。しかし、積み上げられた上の部分は個性的でも、土台の積み木はほぼ共通だ。個人差を超えて最も安定している普遍のものが型である。型は個性を超えてこそ型なのだ。

型は遊びを発展させる

そもそもなぜ「遊」の次の段階が「型」なのか。人間には何かを繰り返せば、勝手に学習するという特性がある。そうであれば「遊」の段階で、ただ行為を繰り返していけば勝手に「型」が習得されるように思える。例えば、私たちが母語を習得する時は、文法を意識していない。周りの人が喋る言葉をまねしているうちにいつの間にか身につけている。他の領域でも同じように、ただ見よう見まねで繰り返していけば、型も身につくのではないだろうか。なぜわざわざ意識して習得する必要があるのか。

遊びで技能を習得することは、最初に偶然つかんだ積み木から重ねていくようなもので、高さの限界はその積み木で決まってしまう。

特に型を意識もせず、ただひたすらにハードルを跳び続けるとどうなるだろうか。

ある程度はうまくなってもどこかで限界が来る。そこで型に戻るのではなく、その場しのぎで対応すると、土台がしっかりしていないのにどんどん増改築を繰り返した建築物のように、不安定なフォームが出来上がる。ずれた技能をカバーするように次の技能が習得されてしまうからだ。その場の成り行きで取得された技能は、より高度なことを行う将来を想定していない。土台を間違えれば、すべてがその場しのぎになるのだ。

だから型が必要になる。片足で立つことがしっかりとできれば、走りは安定する。走りが安定すればハードルの間の歩幅調整もうまくいく。足がしっかりと合えばハードルをうまく越えられる。

つまり基本となる型を手に入れることで、上の階層で遊べるようになるのだ。型が創造性を壊すと言われることもあるが、実際には型ができるとそれを土台に表現できる範囲が増える。もっと言えばその技能を駆使することで新たな表現を思いつく。言語を習得すればするほど表現の幅が広がるように、考えずに無意識でできる領域が広がれば、割いていた注意を別に割り振れるようになり、さらに豊かな表現ができるようになる。

遊びをさらに発展させるためにも、「遊」の次に「型」があるのだ。ボールをただ蹴り合うだけでも楽しめるが、基本的なパスの技術を学ぶとより高度なサッカーを楽しむことができる。型によって遊びも一段上へと昇華されるのだ。

人間は覚えるより忘れる方が難しい

別の角度から考えてみよう。人間は環境に適応することができる。決して固く変更不可能な存在ではなく、学習し変わっていけるとても柔らかな存在だ。状況が変われ ばそれに合わせて自分を変える力がある。先ほどの積み木の例で言えば、もしそれ以上積み木が積めなくなったら土台を入れ替えなければならない。だが、積み木を例にしたからといって、技能や人間をあまりにも固定したイメージで捉えすぎてはいけない。もし積み木自体が柔らかく変化したらどうだろう。当初想定した型でなくても、やってみて違ったならその場で修正すればいいだけではないか。人間にはそういう柔らかさがある。では、なぜ型をこの段階で覚えることを勧めるのか。

この本では型の習得を「無意識にできるようになること」としている。それは、言い換えると「癖づける」ということでもある。ところが、人間の癖には大きな特徴がある。一度ついた癖を取り除くには、最初に癖をつけた時よりも大きな労力がかかるのだ。

もちろん人間には柔軟性があるから、ある程度の癖は書き換えが可能だ。しかし、土台の癖を変えるのは、不可能ではないが難題だ。

再び積み木を例にしてみよう。五段ほど積み上げたのだが、ここでどうしても積み上げられなくなり、そもそも土台の積み木に問題があるという判断をし、一から積み上げ直すことにした。本当は土台の積み木だけを入れ替えたいのだが、それはできないので一つ一つ積み木を外していき、最終的に全部外して一番下の積み木を入れ替え再び積み上げることになる。積み木は積む時間とそれを取り除く時間が同じ程度だが、人間はそういうわけにいかない。どんなことでも癖を直そうとしてもなかなかうまくいかないのは、それが忘れる作業だからだ。覚えるよりも忘れる方が人間には難しい。

型の力、癖の力

さらに「癖は使われやすい」という性質がある。言い換えれば、「人間はその癖でなんとかなりそうな時はそれを使う傾向がある」のだ。人はなるべく短期的な負荷の小さい方法を選ぶものだ。

以前、クラシックバレエを習っていた子供にハードル走を教えたことがあるが、ジャンプの際にどうしてもつま先が伸びてしまい困ったことがあった。ハードルを跳ぶには足首を六〇-九〇度ぐらいに自然に曲げて跳ぶのがいいのだが、その子はつま先をゴールに向けて綺麗に伸ばして跳んでいた。まさにクラシックバレエのジャンプのように、だ。彼女の中では、ハードル走用のジャンプを新たに構築するよりも、以前クラシックバレエで構築したジャンプの方法を転用した方が効率が良かったのだろう。つまり一度癖がつくとそれを書き換えようとしても無意識に過去の癖を使おうとしてしまい、引きずられる。仮に不合理だったとしても、すでに習得している癖を活用した方が慣れない新しいやり方に対応するよりもたやすいからだ。


もう一つ、癖は単独で存在するのではなく、行為全体の流れの中に、さらには環境の中に組み込まれている。だから何か一つだけを後から変えることは全体のバランスを崩すことにもなる。

積み木という比喩は外部からなんの影響も受けない前提に立っているが、実際の技能は環境の中に存在している。

特に組織の場合は顕著だ。個人の癖が組織に組み込まれ、逆に組織の癖に個人が組み込まれる。長い間同じ組織で過ごしているとその組織以外に適応することがとても難しくなるが、それは組織の癖に個人が組み込まれてしまっているために起きる。

例えば、デジタルを駆使した方が生産性が高まる場合でも、仕事の進め方も組織文化もすべてがアナログに適応している場合は、変化させることはとても難しい。組織文化は一種の癖である。自分の型を変えようとしても周囲が元に戻そうとする力を持ってしまっているが故に、型を変えにくい。

型とは良い癖だとも言える。癖の力は強い。だからこそ、身につける最初の時点で基本的な型を自分に癖づけることが、後々有利に働いていく。

型の上に技能が載り、その型を中心に環境がつくられ、その型が繰り返し使われ、定着するようになる。日常に組み込まれた学習はどんどん定着していく。だから型は重要なのだ。

柔らかすぎる人間

無意識でできるというなら、型は本能のようなものなのだろうか。野生の動物は狩りをするし、天敵から逃げることもある。自然界では基本を繰り返して体得するようなことは行われないが、それでもきちんと機能している。どうして人間だけが型を手に入れようとするのだろうか。

その一つの理由が、人間が柔軟すぎることにある。適応力があると言い換えてもいい。構造的には、人間の身体は硬い骨が内側にあり、柔らかい筋肉や皮膚が外側にある。だから関節の可動域が広く、あらゆる方向に身体が動く。一方、外骨格を持つ昆虫の身体は硬い部分が外側にあり、柔らかい内側を守ることに適している。骨格が外部でしっかりと固定されているので、定められた関節の範囲で動く。外骨格を持つ昆虫は死んだらそのままの形で留まり、一見生きているのか死んでいるのかわからない。人間であれば、死んだらぺたんと倒れ込んでしまうのでそれとわかる。

他の哺乳類も骨を内側、柔らかい部分を外側にしたが、人間ほど可動域が広く身体があらゆる用途に使われる存在はいない。例えば馬は、股関節と肩甲骨の柔軟性がそれほどなく、走ることには最適化されているが、木を登ることにはまったくもって不向きだ。

それぞれの生物は食物連鎖の中で、捕食する、されるの関係にあり、最も生き残りやすい身体に進化し、環境に適応している。だから鳥の飛ぶ能力や魚の泳ぐ能力、馬の走る能力はそれぞれ飛び抜けているが、それらは自分の得意領域を超えると、たちまち発揮される機会がなくなる。人間以外の生物は自分達の活動領域が定まっているからだ。しかし、人間は領域を定めていない。鳥にも魚にも馬にも勝てないが、あらゆる領域で複雑なことにも柔軟に適応できる。

また、人間は柔軟に思考し、どんな環境にも適応する。自分たちが生み出した思想により社会を形成し、その社会のもとで思想を発展させる生き物は人間だけだ。私たちは他者に影響を与え、さらに他者に影響を与えられ、考え方を常に変えていく。だからこそ、これだけか弱い存在なのに力を合わせ社会を作り、地球上のあらゆる環境で生活できている。他の動物に比べ圧倒的に雑食だからどのような環境でも食べていける。自ら技術を生み出し、その技術を活用することで、普通では暮らせないような環境でも暮らしていくことができる。

つまり私たち人間の最大の特徴は「何にでもそれなりに対応することができる柔らかさ」であると言える。その柔らかさは可能性でもあるが、一方ですべてに対し中途半端だともとれる。何にでもなれる代わりに、何が得意ということもない。

平地でA地点からB地点へ移動する際に、私たちはどんな道でも選べる。普段なら好きに行けばいいが、早く到達することを目指せば自ずと選択肢は限られる。最短、最速の道は厳密に言えば一つしかない。このように極めようとするならば選択肢は多くはない。

人間は柔らかい存在であるがゆえに目的に対しては自由なアプローチが可能だ。人間の下半身は柔軟で、歩くことも、泳ぐ際にバタ足をすることも、ボールを蹴ることもできる。椅子から立ち上がる際にも、前の大腿部、後ろの大腿部、臀部《でんぶ》、あらゆる筋肉を使って立ち上がることができる。ただ立ち上がるだけならどこを使ってもいいだろう。だが自分の能力ギリギリの重さを持ち上げるなら、一番大きくて強い筋肉である臀部をまず主に使い、前大腿部と後大腿部のバランスをとらなければならない。座った状態から一気にバーベルを持ち上げる重量挙げを極めようと思うなら、さらに厳密に使う筋肉の比率と、力を入れていく順番が決まる。ほんの少しでも間違えれば本当の力が出せない。高みに近づくほど選択肢は限られるのだ。

このようにより良いアウトプットを求めるなら、柔らかさに「型」という制約を設ける方がうまくいく。だが、制約をかけ過ぎれば人間の最大の特徴である柔らかさが阻害される。

型が必要とされるのは、しなやかに適応する人間特有の柔らかさがあるからだ。そして型の範囲が「最も基本的なもの」に限られるのは、人間が幸運にも持ち合わせた柔らかさという、最大の特徴を失ってしまわないようにするためである。

模倣とは観察と再現

では、具体的に型をどのように手に入れるか。目の前で踊っている人がいて、その踊りを自分の身体で再現するとしよう。最初はとても難しい。なにしろ私たちは表出されたものしか見ることができない。踊っている人の手足は見ることができても、どうやって筋肉が動いているのか、踊っている人がどこに意識を向けているのかを知ることはできない。あくまで踊りを見て推測するしかない。それはまるで、運転したことがない人が、縦列駐車する車を沿道で見ながら、運転している様子を具体的に想像するようなものだ。外部からは運転手が何を意識して、どのようにハンドルを動かし、ブレーキとアクセルを操作しているのかを知ることはできないが、車の動きだけは見ることができる。その動きから、こう操作するのではないかと推測する。それと同じことで、私たちもある人の動作、作業、発言に接してそれを模倣することはできるが、その内部構造を知ることはできない。

模倣には、「観察」と「再現」の二つの段階がある。観察は対象をよく見てその特徴を摑むこと、再現は観察したものをその通りに表現することだ。

観察はどのように行うのか。似顔絵を描くプロは、見た目そのままを描いているのではない。似ていると感じても、写真と似顔絵を比べるとまったく違う。似顔絵は写真に比べいくつかの部分が大げさに表現されている。それを見て「似ている」と思うのは、私たちの「らしさ」がいくつかの主だった特徴によって支えられているからだ。その人らしさを担う大事な特徴を抜き出し、それをより強調することで全体の「らしさ」を演出するのが似顔絵である。これは似顔絵だけではなく、話し方、動き、仕事のプロセスなどあらゆることに共通する。

模倣とは、すべての行動をそのまま真似るわけではない。自分と何一つ変わらぬ同じ存在でない限りは、すべてを再現することはできない。だから私たちはあくまで特徴を抜き出して、それを模倣する。

いきなりそれができるわけではないので、まずは写実的に観察する。動画を撮って後から再生するように、何度も観察をしてそれを頭の中で再生してみる。それを繰り返していくうちに段々と特徴がわかるので、今度はそこに意識を向けるようにする。

一体その人がやろうとしていることにどんな意味があるのか、最初はわからなくても構わない。意味は量を重ねなければわからないからだ。

観察する時は相手になったつもりでいるのが大事だ。どんな意識で行っているのだろうかと想像しながら、相手の内部に入り込んだ感覚になってみる。本当の観察は目だけではなく想像力を必要とする。どれだけ相手の立場に立てるかで、観察の質が決まる。


次に観察した通り再現する必要がある。一言で再現すると言っても簡単ではなく、こうしようという意識と、実際に表出していることはよくずれる。何かを教わっている時、先生が簡単にやっていることでも、いざ真似をしようとするとまったくうまくできない経験は誰にでもあるはずだ。

目の前の人が右足を大きく上げている。それを模倣する。見た通りに上げたつもりでも、あとで映像で見てみると、思ったより上がっていなかったりむしろ自分の上半身が足の方に倒れていたりする。自分のイメージしていたものと実際の動きは、最初のうちは必ずずれる。自分で喋った声を録音し、あとで聞いたらとても自分の声に聞こえないということがあるが、自分で感じていることはあくまで主観的に感じられるだけで、客観的に外から見るとどうなっているかは確認できない。視覚の届く範囲も限られていて、身体全体を見渡すことはできない。私たちは位置を相対的にとらえており、空間上の絶対位置をとらえているわけではない。右足を上げるのか、右足に上半身を近づけるのか、違いをそれほどわかっていないのだ。

ではどうやって再現するのか。模倣している相手を観察しながら、動きが同じになるように、意識するところを変えるのだ。ただ右足を上げようと意識してもうまくいかないのであれば、膝を上げようとしてみたり、踵を上げようとしてみる。息を吸って胸を開くようにした方がうまく足が上がるかもしれない。このように動きを引き起こすスイッチを探していく。

この段階では、模倣をしている相手がどんな意識でいるかを知ることができない。もちろん口頭で聞くことはできるとしても、それだけでは不十分だ。どこにどう意識を向ければ同じ形になるのだろうかと自分の身体で試行錯誤していく。

観察と再現の繰り返しで型の習得は徐々に進んでいき、最終的に無意識で行えるようになる。例えばある歌を歌おうとして、最初は歌詞を覚えるだけで必死だったのが、前奏のフレーズを聞くと自然に歌えるようになり、抑揚まで似せられるようになっていく。このように最終的に目指すのは無意識にできることだ。

ただし、本書における型とはあくまで積み木の土台のことであり、全体ではない。その領域で最も重要で外せない部分を絞りこみ、そこだけを模倣するのだ。

型は丸呑みするもの

映画『ベスト・キッド』の中で、武術のマスターが青年に、床にワックスをかけそれを拭き取るという作業をひたすら繰り返させる場面が出てくる。青年は意味がわからずはじめは抵抗するが、いいからやるようにと指示され、何度もワックスをかけては拭き取ることを繰り返す。その後マスターとの稽古中に、無意識でワックスを拭き取るような動きをしていたことに気がつき、あの繰り返し作業の意味を知る。これは典型的な型の特性を示した例だろう。

型の必要性を事前に説明することは、もちろん可能である。現在は科学による分析が進み、データで説明することもできる。しっかりと説明できるものは説明した方が良いし、納得してそれに取り組む方が意味も理解できて良いだろう。しかし、型にはどうしてもそれだけではない要素が混じってくる。

例えば誰も食べたことがないトロピカルフルーツをあなたが食べたとしよう。美味しかったのでそれを友達に伝えようとする。写真も撮ったし、名前も聞いた。歴史的な背景も、どんな料理に使われるかもすべて情報を持っている。ではそれらをすべて相手に伝えたとして、相手はそのフルーツがどんなものか想像できるだろうか。それは無理だろう。なぜならば相手はそのフルーツを食べていないからだ。食べていなければ感触や匂い、味を知ることはできない。体験は知識よりもはるかに情報量が多い。身体での体験と、頭で知ることとは決定的に質が違う。

なぜ型を習得する必要があるのかと、初心者が尋ねる。すでに型の重要性を体験した人は、なぜやるべきなのかがまさに身体を通して腑に落ちている。だが、初心者に説明する時には言葉を尽くしながらも、もどかしさを感じるだろう。本当の意味で型の大切さがわかるのは、結局、体験した後だからだ。

『ベスト・キッド』のマスターは、事前に型の重要性を説くこともできた。ある程度の納得はそこで得られたかもしれない。しかし、本当の意味で青年本人が納得するには、自分で実感するしかなかっただろう。

トロピカルフルーツの味は食べてみなければわからないように、どこまで行っても、型の習得は無意識にできるようになるまでやってみるしかない。型は知識として学ぶのではなく、体験を通して気づくものなのだ。

これが型の習得における最大の難所である。つまり型の習得の性質として、とりあえず丸呑みするしかないのだ。

型は瞬間で切り取られているわけではなく、一連の動きでもあり、時系列を必要とする。まとまっている状態に意味があり、切り分けることができない。

これは型を覚える段階においては、いいとこ取りできないことを意味している。Aという流派のやりかたを行いながら、Bという流派を取り入れてもうまくいかないのだ。

型の手順一つ一つには意味がある。なぜそれをやるのかを理解しないまま、切り出して別の方法論と混ぜるとバランスが崩れる。だから最初はひたすらに繰り返すしかない。意味を気にせず繰り返していくうちに徐々にまとまりのまま模倣できるようになる。

型の良し悪しを見分ける

これはある種の賭けのように感じられると思う。なにしろ論理的には納得できていないのに、型を取り入れるのだから。自分では何の役に立つのかわからないことを、きっといつかわかるからという理由で丸呑みしなければならないのは、あまりにも乱暴ではないか。その価値があるかどうかを事前に判断することはできないだろうか。

型が丸呑みすべきものだとしたら、検証を行い、疑うことがしにくくなる。ここが型の扱いが難しいところでもある。体得してみるまでは型の本当の意味がわからず、よって型はまず体得しなければならない。だが、一度無意識にできるようになってしまうと、うまくいかないのが型の影響なのか、そうではないのかが自分ではわかりにくい。

悪い型を判別する方法は、完全ではないがある。悪い型の条件に照らし合わせることで、少しは判別できる。

1　シンプルではない

型は基本中の基本であるために、拍子抜けするほどシンプルなものだ。いくつも手順があり、あまりにも細部まで何をするか決まっているものは、型というよりもマニュアルだと思っていい。

2　検証がタブー視されている

型は常に検証に晒《さら》される必要があるが、歴史が伴うと伝統と権威が生まれ、型を検証すること自体がタブー視されることがある。その場合、本来は淘汰されているべきただの迷信が型として残る可能性がある。

その型に意味はあるのか。その型の範囲は過不足ないか。良し悪しを図る型の検証が許されており、過去にどの程度行われていたのかは、それを知るための一つの目安になる。

3　効果を期待されすぎている

型はすべての基本で、重要なものだが、型さえ手に入ればすべてが解決するというものでもない。型はあくまで基本であり、その上で試行錯誤する必要がある。型は魔法ではなく、積み重ねていくうちに意味がわかっていくものだ。あたかも万能であるかのように謳《うた》う型は、精査すべきだ。

型は先人の経験則によって作られている。多くの人が試行錯誤した結果が型になっている。だが、個々人の経験則をまとめたものなので、必ずしも本当に有効なものだけが残っているとは限らない。型は常に暫定的な真実である。まったく疑わずに鵜呑みにする人ばかりになると、型は改善されなくなる。やみくもに前例踏襲となり、先人を越えられなくなる。型は常に検証に晒され、いつの日か違う型にとって代わられてもおかしくない。

もう一つ、身につけようとする型はいつの段階に最適なのかを考えなければならない。ある時最適だった型も、次の時期には問題を引き起こす可能性がある。

人間は常に変化している。厳密に言えばまったく同じ状態の日はない。特に十代半ばまでの成長と変化は大きい。子供は大人のミニチュア版ではなく、頭が大きく、胴体は細く、体幹は弱い。また脳もただ未熟なわけではなく、十代特有の癖を持っている。何かにハマりやすく、また飽きやすい。つまり子供は大人のそれぞれの要素が、均等に小さく未熟な状態というわけではない。足と腕と胴体と脳とさまざまな機能が同じようなペースで同じように成長するのではなく、それぞれがずれたタイミングで成長していき大人になった時にパズルのピースがまとまる。

ということは、十代での最適な型は、その後の最適な型とは違うということだ。

例えば、柔道において子供は技術的に未熟なので相手の技をかわす術を多くは持たない。技術が未熟であるということは力でねじ伏せやすいということだ。そうなると子供時代の最適な戦略は時間のかかる技術の習得よりも、体重を増やし筋力をつけ、大きな力で相手をねじ伏せることになる。しかし、そのような技術を型として習得した場合、次第に各選手が成長し、技術も高くなって力だけでは通用しなくなると、勝てなくなっていく。力でねじ伏せられなくなり、技術力が必要になるからだ。

子供の頃には最適解だった型に身体が馴染みすぎると、大人になってその型が阻害要因になる。最適化が早すぎたのだ。だからこそ先人が一通りすべてを体験した中で、これが将来に渡り最も基本だと考えたものが型として残っている。

憧れの罠

憧れの存在であれば、苦もなく丸呑みできるのではないか。そう思うひともいるだろう。目標の誰かがいれば、自分に足りないものを明らかにしてくれ、具体的に埋めるべきものを教えてくれる。だが、憧れの存在を持つことで引き起こされる問題もある。

憧れの存在は、ああなりたいという願望から決められているのであって、それが自分自身に適したタイプという理由で選ばれているわけではない。特に自分が苦手なものを得意としている人を私たちは過大評価しがちだ。その場合は、自分とは正反対のタイプを模倣の対象に選んでしまうかもしれない。

自分という存在を無視して違うタイプの憧れの存在を追いかけるのは、まるで猿が馬を目指すようなものだ。自分自身が木に登れることは忘れて、馬のように走ることだけに注意が向かい、やってもやってもうまくいかない。それが続けば自信を失うかもしれない。自分に向いていないことをいくら努力しても抜きん出るほどのレベルにはなれないからだ。

またうまくいって輝いている最中はどうしても過大評価されやすい。その人がやっているすべてを成功の要因だと思ってしまうのだ。輝きが鈍ってから改めて見てみると、その人の成功は極めて属人的な特性によるものであり、普遍的な成功の理由があったわけではないと気づくことも少なくない。

型はあまりにもシンプルで、変わらないから、新しいものからの挑戦を受けることがある。それは、型が本当に普遍的なのかを確かめるためには良いことだが、新しいものは流行りものでもある。流行りに乗ってしまい、基本の型を手に入れられなくなれば、その後苦労する。普遍的な型を見抜くには、高揚する気持ちを一旦忘れて、冷静に見なければならない。特に派手なものには要注意だ。

このように型を習得する際は目を瞑ってただ丸呑みするだけではなく、事前にしっかりと選ぶことが必要となる。型にも良し悪しがあり、それは自分でしっかりと見極めなければならない。

型は個性を殺すのか

型は長らく悪者にされてきた。その批判の最大の理由は「型が個性を殺す」というものだ。確かにチームスポーツでは型を重視するあまりに誰もが同じ動きしかしていない集団もある。型にはめ込んでしまえばアウトプットは安定するが、それぞれの個性は殺されてしまう。

型反対派はおもに次のような意見を持っている。

「型は結局のところ個性を重視していない。同じ型を皆が習得し、それでうまくいくなら誰もが同じであり個性は大事ではないと言っているに等しい。個性があるならば各個人で最適なやり方もまた違うはずだ。また、型にはまった人間はその後自分らしく個性を発揮するのが難しくなる。型は皆の実力を引き上げるかもしれないが、突出した個性的な人を標準にはめることにも繋がる。結局のところ型は同質的な人間を作り出す」

これに対し、型賛成派は以下のような意見を言うだろう。

「人間には個性があるが、ある目的に対し求められる動きや考えには一定の普遍性がある。バイオリンを美しく弾くためにはどうしても押さえなければならない万人に共通の点がある。走る行為を極めていけば、万人に共通の何かがある。目的に対し合理的になれば、そこには普遍性が存在するのだ。それが型である。よって型は個性を殺しはしない。何かを追求すれば型からは逃れられず、個性はその上に存在する」

型は基本であるために、普遍性があり、多くの人に当てはまる。裏を返すと、型が有効なのは、すべての人にはそれほど違いがないことを前提としている。これは思考実験だが、もし人類とはまったく異なる存在の宇宙人が熟達に取り組むならば、型は違うものになるだろう。あまりにも人類との共通点が少ないからだ。

人間は個性的で、一人一人違う存在だ。一方で我々は同じ人類として多くの点を共有している。人間同士の共通点よりも個性の影響が大きいとするならば、型は弊害が大きいだろう。身長も体重も骨格も違う人々に、既製品の同じサイズの服を着せるようなものだ。人類の共通点の方が大きいとするならば型は有効だ。ある共通の目的を目指すなら、必要とされる基本はそれほど変わらないからだ。人類の進化を研究する領域では文化ごとの違いにはそれほど着目しないが、文化人類学ではむしろその文化の違いそのものに着目する。人類の共通点に着目するか、相違点に着目するかの違いだ。

これは人間の個性の影響をどの程度に見るのかという問いに置き換えられる。私は人類であることの共通点は大きいと考えている。例えば、歩行と走行の見極めはどの文化圏でも同じで、弾むような動きが現れたところから走り始めたと判断する。つまり「歩く」と「走る」の違いは人類共通だ。

だから、基本的には型は有効だと考えている。さらに型は、完全に固定化されたものではなく徐々に馴染んでいくものだ。今は丸呑みしていたとしても変化して自分と一体化していく。その時には個性が十分に表現される。

時間を制する者が型を制す

人間は何かを繰り返せば必ず学ぶ。「型」の段階ではとにかく繰り返し、身体に刷り込む必要がある。繰り返して身体化させることしか、無意識にできるようにする方法はないからだ。

人間は反応があることに対しては、面白がって続けることができる。「遊」がなぜ人を惹きつけるかといえば、そこに変化があり面白さがあるからだ。だが型を身につける段階でこの面白さを求めることは難しい。時には続けても続けてもほとんど変化しないのに、それでも繰り返さなければならない。このまま続けても何も起きないだろうと諦めそうになるのも、「型」の段階が一番多い。

続けることにコツがあるわけではないが、感情をうまく扱うことは一つの鍵になる。達成が難しいタスクを繰り返して行う時に、途中で諦めるかどうかの特徴的なポイントは「反応の大きさ」だ。うまくいった時に喜び、失敗した時に悔しがるリアクションが大きい人ほど、「諦める傾向」にある。

当然、うまくいっている時に諦める人はおらず、うまくいかなくなった時に人は諦めるのだが、反応が大きいと心的ダメージが、一回一回の失敗ごとに積み重なってしまう。ここで重要なのは、うまくいかない時だけ反応する人はいない点だ。喜ぶにしろ落ち込むにしろ、同じだけの「反応の大きさ」がある。

では反応を大きくしないためにどうすればいいか。それは期待しないことだ。失望は期待との落差だから、期待が大きければ失望も大きい。続けていればいつかうまくいくがすぐうまくいくとは限らない。そう考えることで、反応を小さくすることができ、ただ淡々と続けることができる。今やったことを振り返り、別のやり方をまた試す。このサイクルのみに集中し、「うまくいくはずだ」「うまくいってほしい」という未来への想像をやめるのだ。そもそもうまくいくいかないはただの確率でしかない。「型」の習得には才能は関係ない。ただ時間を費やせるかどうかだけなのだ。

一部の例外として型を必要としない天才はいる。自己修正能力が高く、自ら癖を修正し続けいずれ最適解に辿り着いてしまうのだ。ただ、天才であっても熟達する人は、自分で作り出した型を大切に扱い、型から自分がずれていないかを常にチェックしている。集合知として生み出された型か、個人の試行錯誤で生まれた型かの違いでしかないのだろう。

型の習得は、本来は自分で試行錯誤しながら辿り着く地点に、ワープするようなものである。先人が試行錯誤した結果として、型は出来上がっているからだ。だから、型を身につけた方が早く高度な段階に進める。

さて、このようなプロセスを経て型を一定程度習得していくとどのような世界がやってくるのだろうか。意識しないとできなかったことが無意識でもできるようになった時、階層が一つ上の別の風景を見ることができる。自転車を漕ぐのに必死だった段階を経て、無意識でペダルを漕ぎ自転車を扱えるようになった時、初めて外の風景を見渡せる。その段階ではどのような世界が待っているのだろうか。

第三段階

観

部分、関係、構造がわかる

「見る」とは「分ける」こと

「型」を手に入れると、最も基本的な行為が無意識にできるようになり、別のことに注意を向けられるようになる。深く観察し、一つ一つを部分に分けて、互いの関係がわかるようになる。漠然としていた世界の解像度が上がり、型の段階ではわからなかった内部の構造がわかってくる。これが「観《かん》」の段階だ。

「型」を習得する前は注意を他に向ける余裕がない。初めてやることに対して、人間は必死で、他は考えられないものだ。技能を身につけるとは、それを行なっている意識が消えることである。例えば初めてランニング指導を受けて「地面にフラットに足を着地させましょう」と言われたら、考えたこともなかった足の動きを意識して頭が混乱してしまうだろう。走りは循環運動なので次々と足が繰り出されて忙しい。右足を着地した時には左足がもう前に出てきていて、今にも着地の準備を始めそうになっている。かといって足のことばかりを考えていると腕を振ることを忘れてしまう。そんな時に話しかけられると「今話しかけないで」と言ってしまうだろう。着地のことを考えるのに必死なので会話にリソースが割けないからだ。どのような新しい取り組みにも、似たような傾向が出てくる。慣れないことをやるのは認知的負荷が非常に高いのだ。

しかし、それに慣れて余裕が出てくると次第に会話ができるようになる。それは運動が自動的になり、注意を会話に割り振れるからだ。あれだけ必死だったのに周りを見渡す余裕が出てくる。型が手に入るとその行為をしていることを忘れて、違うことに注意を向けられる。

その解放された注意の先はどこに向かうのだろうか。ただ解放されることも可能だが、観察することもできる。余裕を持って自分がやっていることを観察していくと、今までよりももっと詳細で立体的な世界が見えてくる。これが「観」の段階の入り口である。

前述した通り、走りにおいての「型」は片足で立つことだ。片足ずつ交互に地面を踏みながら、前に進んでいくことがランニングである。無意識にできるようになると、これまでは漠然とした一連の行為だったランニングが、それぞれの部分に分かれていく。例えば地面を踏むという行為一つとってみても、地面に足が触れ始めたところ、少し体重が乗り始めたところ、地面に体重が一番かかっているところ、地面から力が返ってきているところ、足が離れるところ、など、それぞれの局面を切り離して捉えられるようになる。観察が一度始まるといかようにも細部に分けていけるし、分け方もまた自由である。

「見る」とは「分ける」ことである。力を加える局面が見えたのなら、意識の上でそれ以外の局面から切り離されたことになる。

このような細分化を起こすには、結局のところ量が必要となる。量が増えて閾値を超えると、漠然としたまとまりだったものが分かれて見えるようになる。先ほどのランニングの例でも、何度も繰り返していくことで行為は自動化され、徐々に解像度が上がっていく。見えなかった境目が見え、違いがわかるようになっていく。

例えば外国語の学び始めには、ほとんどの音は一連の音楽フレーズのようにしか感じられない。何が主語か述語かもわからない。そもそも早すぎてとても追いつけない。ただの音の羅列を聞きながら一生懸命にどこかわかるところを摑もうとするのが最初の段階である。それが量を積み上げると、音が分かれて聞こえ始める。そうなるといくつかの単語を切り取って意味が捉えられるようになり、その単語から前後の文脈を推測し、相手が言っている内容が少しわかり始める。次第に一つ一つを聞き取る余裕が出てきて、言葉の連続として聞こえ、相手の話が理解できるようになる。このようにまず量の蓄積があり、そして部分、そして全体の理解という順番に展開する。

量が蓄積されるとパターンを形成し、そのパターンを理解するのだ。この変化は蓄積された量に比例して徐々に起きるのではなく、突然起きる。量が閾値を越えたとき、質が変化するからだ。

私たちが型を丸呑みしていたのは、最初から型を分けて捉えると、ちぐはぐになってうまく習得できないからだ。だが、型を習得し、改めて観察してみると、型自体は一つの切り離せないまとまりではなく、要素の集合体であることに気がついていく。細分化されることによって、型の一つひとつのパーツを少しずつ変化させていくことができる。

「分ける」ことで、取りこぼすもの

気をつけなければならないのは、部分に分けてそこに意識を向けた途端、全体はすでに変容している点だ。例えばスポーツでは、つま先の方向と膝の向きを一致させることが怪我を防ぐ上で重要とされている。

私は左足のつま先が内側に膝が外側に向く癖があった。だからスクワットのような下半身のトレーニングの最中は常に自分の膝とつま先の方向が揃うように意識をしていた。考えなくてもつま先と膝の方向が揃い始めた頃から、なぜか左の股関節を痛めることが増えた。

ある日別の理由で３Ｄで走っている自分の映像を撮った時、左の腰を少し後ろに引いて身体が全体的に捻《ねじ》れていることに気がついた。上半身が左のつま先の方向を向いていたのだ。人間は何かに目を向ける時、眼球だけ動かすわけではなく身体ごとそちらの方向に向ける。左足のつま先と膝に注意を向ける行為自体が、身体をやや左足つま先方向に向けることになる。その姿勢の状態で見えている範囲は綺麗に整っていたが、見えない範囲がその歪みを補っていた。

実際に試合で走る際にはつま先ではなく前方を見ているわけだから、前方に対して身体を向けていく。練習では身体をつま先方向に向けていたので、試合では下半身が捻れた状態で、上半身が前方に向かうようなもので、その狭間にある股関節が歪みを吸収し痛みを引き起こしていた。

姿勢は視線を向けなくても、注意を向けるだけでも変化する。つい観察している自分とは切り離された「変化しない自分」を想定しがちだが、「私がそれを観察する」

こと自体がすでに変化の要因になっている。

さらに私たちが部分に分けていく時に、必ず何かを取りこぼしていることも忘れてはならない。取りこぼされたものは意識の外の世界に流されていき、多くは認識すらされない。私たちが意識を向けられる量は限られていて、すべてを照らしているわけではないからだ。

先ほどの着地の描写で言えば、地面に足が触れ始めたところ、少し体重が乗り始めたところ、地面に体重が一番かかっているところ、という記述になるが、当然そんな風に動きが切り分けられているわけではなく、その間にもさまざまな動作がある。動きは究極に滑らかな動画であるのに対し、私たちの認識はコマ送りである。

肌に対し二つの刺激を時間差で加える場合を考えてみよう。一秒の間があれば二つの別々の刺激を感じ認識できるが、その時間差をどんどん短縮していくとどこかで一つの刺激としてしか感じられなくなる。同じようにどんなハイスピードカメラでも、厳密な意味では静止画の連続だが、私たちは気づいていない。静止画の間があまりに短いから滑らかな動画に見えているだけだ。

私たちは大雑把に対象を摑んでいて、いわば強調すべき部分、ハイライトの部分だけを拾ってつなげたものを全体だと理解している。そこには「身体部位の名称」という言葉の限界もある。例えば下半身を動かす場合、腰、膝、足首だけに着目しがちだが、各部位の間にも身体はある。しかしほとんど意識されることはない。

言葉によって身体を分けていくと、どうしても重要な部位以外が抜け落ちる。「型」の章では、似顔絵は特徴を抜き出していて、まったくそのままを描いているわけではないと説明したが、同じように私たち自身がデフォルメされた世界を観ているのだ。

だが、私たちはすべてを意識しないからこそ混乱しないでいられるのも確かだ。すべての情報が入って来たらとても処理しきれない。分割し、ある程度象徴的な場面だけに注意を向けることができるから情報量が少なくてすむ。間を切り捨てるからこそ、部分部分に注意を向け全体を摑むことができている。

全体を部分に分けて、もう一度元に戻すことができないのは、注意を向けることによる私たち自身の変化、認知能力の限界に原因がある。その限界を理解した上で部分に分けていかなければならない。

技能は別の技能に支えられている

部分が見えた後はそれぞれの部分の関係性が見えるようになる。部分は概念上は切り離せたとしても、関係しあっている。ある部分を変化させれば、別の部分もまた変化する。だから何かを改善しようとするなら、直接問題に働きかける方法と、間接的に働きかける方法がある。

例えば腰が痛い人に対し、痛みを感じる部位に直接働きかけ痛みを取る方法と、姿勢を良くするなどして間接的に腰の負担を減らす方法がある。腰の痛みは周囲から切り離されて存在するわけではなく、姿勢やこれまでの動きの積み重ねによって生まれているからだ。いずれのアプローチで痛みが取れたとしても、その痛みを庇《かば》う形になっていた姿勢は変化する。問題解決の結果、別の何かが変化をし、新たな問題が起きることもある。関係がわかると問題がそれ単体ではなく、幾つもの他の要素が絡み合ったものとして、今まで見えなかったつながりが炙り出されるのだ。

片足で立つことが基本なのは、走りの質がそこで決まっているからだ。走りは循環運動であり、すべての力は地面からもらっている。ということは地面に力を加える接地の瞬間が、移動速度も足の軌道も決めている。

走る行為を横から見ると、くるぶしが円のような軌道を描いている。足は地面を踏み終わった後、次の着地の準備をするために前方に運ばれる。この足を前方に運ぶ力は、地面から得ている。ボールを地面に叩きつけると跳ね返ってくるように、足も地面を強く踏むと跳ね返ってくる。もし十分に地面から力を得られなければ、地面の反力を利用できずに足を前方に引き出すことになる。砂浜で歩くと疲れるのは、砂浜が反力を吸収してしまい自分の力で足を持ち上げなければならないからだ。

十分に足を持ち上げられない時は、自分の足首を使って積極的に地面を蹴って力を補う。足首で地面を蹴ると足が後ろに流れ、上半身ごと前に突っ込んだ姿勢になってしまう。当然バランスが崩れてスピードは出なくなる。しばらく運動していない大人が急に全速力で走ると前に転んでしまうのはこのためだ。

この場合、足首で蹴ってしまう部分だけを直すことはできない。足首は単独で動いておらず、「型」の歪みを補正しているだけだからだ。

技能は別の技能に支えられており、原因と結果のような関係にもなりうる。もちろん複雑に影響し合っているので、何が直接の原因なのかは明確には線引きできない。それでもより強く、より広範囲に影響を与えている原因部分があり、そこに狙いを定めることでより効率よく修正することができる。

関係が見えている人は細部を一旦無視して最も影響が大きい部分を狙いに行ける。積み木で考えれば、土台となる下の階層から問題を解決しようとするのだ。問題の原因がわからない人には、関係が見えないのでそれが見当違いに思えるかもしれない。

関係が見えてくると、複雑なものがシンプルに見え始め、いくつか必要な点だけに着目すれば、全体が浮かび上がるようになる。

「うまくいく」とは、構造が機能していること

絡み合った複数の関係が見えてくると次第に構造が見えてくる。構造とは内部システムのことだ。

構造に対し何かを入力すると何かが出力される。私たちが視覚的に見ている結果は常に出力されたものである。入力と出力の間には、必ずシステムがある。

私たちの骨盤周辺の骨格は、左右の脚がその上部である骨盤を支え、その骨盤の真ん中あたりで垂直に背骨が立っている。左右に脚があり、真ん中に背骨がある関係だ。片足で立つと、逆L字型の横棒の真ん中に背骨が立っている形になっていて背骨が接している骨盤の真ん中部分に上半身の重さが集中する。

走っている際に十分に支えきれなければ、逆L字型の直角の部分が鋭角に折れてしまい、身体が沈み腰が落ちたような走り方になってしまうのだ。するとまるで空気が抜けたボールのように、地面からの反力が骨盤の辺りで抜けて弾まなくなり、スピー

ドが出なくなる。走る行為とは、片足ジャンプ運動の連続で、いかに弾めるかが速度を決める。

本来なら片足で立つ姿勢を、一番大きな臀部の筋肉で支えなければならないが、同じ姿勢は大腿部の筋肉で支えても作ることができる。外から見れば同じように片足で立っているが、身体の内部で働いている筋肉は違っている。最初はそれでも問題ないが、だんだん速度が上がっていくと着地の瞬間の衝撃に耐えきれなくなる。大腿部の筋肉は臀部に比べ弱く、体重の五倍もの負荷がかかる着地に耐えられないのだ。だからスプリンターの臀部はあれほど出っ張っている。

骨盤がしっかりと支えられていると、まるで全身が一本の棒のようになり、足元で受け止めた地面からの反力が頭の上にまで伝わってくる。トップスプリンターが走っている際に背が高く見えるのは、骨盤部分が全く沈み込まないためだ。

基本となる「片足で地面に立った姿勢」で最も稼働している臀部の筋肉は、逆L字型を保とうと横から骨盤を支えている。初めて海外でトレーニングした時に、前にしか進まない競技なのにカニが歩くように横を向いて進むエクササイズをやり不思議に思ったが、構造がわかるとその意味がよく理解できる。走りには最も激しく動いているように見える脚の前後の筋肉が重要だと思われがちだが、実際には臀部中心の横の筋肉が重要な役割を果たしている。構造がわかるようになると、立体的に物事を捉えられる。表に見えている激しい脚の動きではなく、奥にある骨盤で何が起きているかを見抜けるようになる。「型」の中の内部構造をさらに洗練させることで、イメージがクリアに浮かび、技能の質は高まっていく。

誰かの技能を見て、それを活かせるかどうかは構造のこの理解の有無にかかっている。私があらゆるトップ選手の真似をしてもうまくいかなかったのは、表面に見えている特徴しかわかっていなかったからだ。うまくいくとは構造が機能しているということだ。ところが機能は目に見えず、目に見えているものは構造が生み出した結果に過ぎない。

例えばジャマイカのトップスプリンターたちが短距離で台頭した時、スタートの一歩目につま先で地面を擦《す》る動きをしていて、皆がそこに注目した。若い選手も真似をするようになったが、それで速くなる選手は多くなく、走りを崩してしまった選手もいた。

スタートダッシュの時、普通はスタートしてすぐ足を前方に着地させるが、ジャマイカの選手は前方斜め四五度の角度でまるで垂直跳びのように飛び出し、一瞬身体が一直線になる瞬間ができる。その後一歩目の着地と同時に、股関節を中心に後ろ足が振り子のような軌道を描いて前に出てくる。足の軌道がゴルフスイングのように後ろから前に振られるので先端であるつま先が地面を、「擦らざるを得なく」なっていた。足が擦ることは結果で、その起点はスタートのジャンプするような飛び出しにあり、その飛び出しができるほどの瞬発力がない選手にとっては、つま先を擦ることは意味がなかった。このように、構造がわからなければ表面に見えている結果だけを追いかける羽目になり、本質を摑めない。

一見関係のないものから学んで、活かせる人は構造が見えている。表面は違っても奥にある構造には共通点がある。構造の共通点が見えれば、抽象化し言葉にすることができる。それは一つ上の抽象段階で構造を捉えることができるからだ。

違う分野の一流の熟達者同士が会話をして、共通点を見出すことがよくある。それは表面ではなく、奥にある構造の話をしているからだ。ベテランの政治家が「話の中心だけ意識すればあとは考えない方がうまくいく」と言い、武術のベテランが「中心さえ取ればあとは脱力した方が早い」と言う。話術と武術の違いはあるが、その奥にある構造は「中心が大事」という点で一致している。このように、構造が見えると違う領域から参考になる点を見出し、学ぶことができる。

身体全体で「見る」のが観察

ここであらためて、「見る」という行為について再考してみたい。私たちが何かを「見る」場合、本当に眼球で対象を追っているだけなのだろうか。見るという感覚は視覚だけのものであり、その他の五感の影響はないのだろうか。視覚は光を感知し、嗅覚は物質を感じ取り、聴覚は音波を受け取り、触覚は皮膚からの感触で外界を捉え、味覚は舌に載った物質を理解する。こう聞けばそれぞれが切り離されているような気がするが、すべてはつながっている。

卓球選手が耳栓をして試合をすると、球がうまく捉えられないという。それは視覚情報だけに頼らず、相手選手が球を打つ音や、地面を蹴る音もプレイに活かしているからだ。だが、興味深いことに、選手たちは球の音を聞くという感覚を持ってはいないという。球を見るという感覚の中に、聴覚情報が入り込んでいるのだ。

また嗅覚が効かなくなると味がほとんどしなくなる。それは味覚はかなりの部分を香りに頼っているからだ。しかし食べて美味しいと感じる時に私たちは香りと味を分けていない。匂いも味も食感もかなり時間差があるのだが、それが統合されてただ美味しい感覚として立ち上がってくる。

　私たちは五感と名づけ、感覚を分けて捉えている。だが、進化のプロセスで、生存し遺伝子を残すため、外界を認識するセンサーとして進化したという点ではどれも違いはない。原始的な生物も、周辺の環境を感じ取り、そこから逃げたり近づいたりする。

　哲学者のトマス・ネーゲルは『コウモリであるとはどのようなことか』という著書の中でこんな問いを投げかけている。「コウモリは音波を出し、それを受け取ることで外界を認識しているが、それは見える感じか、それとも聞こえる感じなのか」というものだ。この問いかけを人間が面白がるのは、私たちが五つの感覚を分けて考えようとしているからだろう。人間以外の生物は皆ただ何らかの器官で外界を察し、統合しているだけで、それが五感のどれに当たるかなどは気にしていないはずだ。ただ、全身で外界を感じ取ろうとしているだけだろう。

　競技の世界の言語には五感が入り混じった面白いものがたくさんある。例えばスプリンターはスタートの際に「背中でピストルの音を聞け」と表現する。聴覚は耳に依存するので一見荒唐無稽なアドバイスに感じるが、実際に人間が音を聞く際には身体に響く音の揺らぎも感じ取っている。クラシックコンサートなどに行けば、音で衣服や自分自身の身体がかすかに揺れるので、よくわかるだろう。このようなアドバイスで意識を触覚に広げることで、反応を早めることができる。

観察は視覚に頼っているという印象を持つが、実際には全身を総動員して行われる。皮肉なことに視覚だけに頼って「観察」すると、見たものがすべてだと思い込み、対象の本質を捉え損ねることがある。視覚だけではなく、全身で感じ取ろうとすることが重要だ。

全身で感じ取る場合でも、すべてを私たちは認識できているわけではない。「部分」の説明でも言及したが、観察する際には、私たちは見ているすべてを理解しているわけではないという前提に立つ必要がある。必ず取りこぼしている情報がある。

私たちは無数の情報にさらされている。実際にすべての情報が意識にのぼれば、その情報量の多さにとても耐えきれないだろう。音の取捨選択をしない音声システムを使いオンラインミーティングを行うと、周辺の音が同じ音量で伝わってくるので非常に聞きづらい。相手が話している声も、近くでおしゃべりしている声も、エアコンの音も、遠くで鳴っている救急車のサイレンの音も、すべて等しく聞こえるからだ。

聴きやすい音声システムは、重要な相手の声だけを残し、それ以外のノイズをカットしてくれる。それと同じように私たちは、ノイズをカットすることで混乱しないでいられる。

重要な点は、それが「無意識」になされることだ。これは決定的に私たちの見え方に影響を与えている。なにしろ人は世界をあるがままに見ていると思いながら、実際には無意識下でノイズはカットされ、重要だと思われるものだけ本人の意識に上がっているからだ。私たちが見ている世界はすでに、編集されたものであるということに気づくことが重要である。人間はどこまでいっても世界をあるがままに見ることはできない。その前提で観察をするべきなのだ。

観察に影響を与える知識と経験

また、観察において、蓄えた知識は大きな影響を与えている。見えているものにどんな意味を持たせるかは私たちが決める。例えばある庭園で石ころが真ん中に置いてある。あの石さえなければ何もなくて綺麗なのにと思っていたところに、「この庭を造られた方が、あの真ん中の石を見つけ、素晴らしいと惚れ込みました。ですから、あの石を基点にしてこの庭は造られており、あの石以外はすべて他から持ってきたものです」と言われると急に石が意味を持ち、庭全体も違って見えてくる。前提により、何が重要で何が重要でないかは変わっていく。

同様に、経験も観察に影響を与えている。ハンターは、地面の植物が少なくなっているところを見つけ、そこが獣道であることを察して待ち伏せをする。獣が通ると人間が通ったのとは違う道の状態になることを経験で知っているからだ。経験があるから着眼点が変わり、着眼点が違うので同じようなシーンを見ていても、重要だと感じる場所が違ってくる。だから実際に見え方が異なる。

熟練したコーチが選手の様子を見て休んだほうがいいかどうかを判断できるのは、長年の経験から疲労のサインを見抜けるからだ。トレーニング中に選手が汗をかき始めるタイミング、食事の際の食べるスピード、靴底の減り方、会話の内容など、コーチはいくつかのポイントを見て疲労度を判断している。私が驚いたのは、あるコーチが指導している選手が一日に何回「でも」や「だって」と言ったかを覚えていたことだ。心理的に疲れてくるとその回数が増えるそうで、それを一つの指標としていた。

熟達にはどのように時間をかけるべきか

観察の力をつけるためには、ただ時間さえ費やせばいいのだろうか。確かに量を積み重ねれば、部分に分けて見えるようになるのは間違いない。だが、「観」の段階で一度部分に分けて見えるようになってからは時間のかけ方にも工夫が必要だ。

数学者を考えてみよう。数学の授業を受けて興味を持ち始めた頃は、先生に教わる時間やノートや教科書に向かう時間が「数学を行っている時間」と言えるかもしれないが、すぐにそれらの時間以外でも、数学のことを考えるようになるだろう。そうなると一体どの時間が数学に費やしている時間と言えるのか。身体がどこにいて何をしているかを知ることはできても、頭の中が何に費やされているかはわからない。

トップアスリートの睡眠時間は長い。回復のためには睡眠が有効だからだ。技術が高まるとトレーニングで身体にかかる負荷が大きくなり、むしろトレーニングの質よりも、睡眠や回復の質の方がパフォーマンスに影響を与え始めるのだ。

初期の段階では一つの領域に特化せず、いろんな経験をすることが重要だ。経験の多様さは将来の引き出しの多さにもつながる。また自分に何が向いているのかを知るためにも試しておいたほうがいい。段階が進めば進むほどいつも通り行うだけでは伸び悩む。今までとは違うことに触れれば、新しい展開が生まれやすくなる。

こう考えていくと、実際には何をやっていても関係があると言える。問うべきは、どの程度時間を費やすべきかではなく「どの程度の集中の濃淡で、どの程度のリズムで、熟達に対し時間をかけるのが適切か」ということになる。

何に時間を使うかはその段階によって違う。前述のように型は繰り返すことが重要なので、集中の濃淡よりかけた時間の量が相関する。スポーツでも、型を重視するもののほど練習時間が長くなるのはそのためだ。

多くの熟達者と話をしたが、多少の個人差はあれど共通して寝食を忘れて没頭した時期があった。その時期の生活はとてもバランスが良いものとは言えず、偏《かたよ》って一つのことに時間をかけていた。濃淡は関係なく、一定量の時間を集中してかけることで質的な変化が起きるのだろう。だが、そのような無茶な時間はそう長くは続けられず、そのまま続ければ身体がもたなくなる。どこかでバランスを取り戻したあとは次の段階に進む。

大体そこまでくると量を増やしていってもそれ以上変化しなくなる。身体も頭も刺激に慣れてしまうからだ。そこから先はただ繰り返しても成長しないので、深く没頭し集中した濃い時間を作ることに焦点が移る。量よりも深さだ。

陸上のトレーニングでは、一〇秒二〇で何度走れても九秒台で走れるとは限らない。質が重要になると、少し遅いタイムで何度も走るよりも、一〇秒〇〇で一回走った方が良いトレーニングになる。だが、一〇秒〇〇で走るためには、十分に体調を整えなければならない。レベルが上がると体調を整えるトレーニングの比率が増えていくのはそのためだ。

濃い時間が重要になるのは、人間が一度体験したことは再現できるという性質を持っているからだ。体験さえできれば、感覚の手がかりが得られるので、再現することができる。だから体調を整え、集中し今までよりもより深い体験をしようとするのである。

距離を取ることで見えるもの

時間と並んでもう一つ、距離を取ることも有効だ。人は一つのことに長く取り組んでいくと、どうしても視野が狭くなり視点が固定化されやすくなる。そんな時は物理的にも心理的にも、対象から離れることが重要になる。スポーツでは怪我などで一定期間競技から離れたアスリートが、復帰すると以前よりも良いパフォーマンスをすることが少なくない。その理由の一つは、距離ができることで重要な点だけをシンプルに捉えられるからだと言われている。人間は一つのことに常時取り組んでいると、客観的に見ることができなくなり、いつの間にか局所にこだわってしまうものだ。

例えばビーカーの中に水と少しの泥が入っていてそれをかき混ぜる。ビーカーを揺さぶり続ければビーカーの水は常に濁っている。常に濁っていれば人はそれが特別なことだとは思わなくなる。だが、ビーカーを一定時間置けば泥が沈殿し水が澄んで綺麗になっていく。この澄んだ状態になって初めて見えるものがある。一定期間、距離を置いたことで全体を客観的に捉え、シンプルに考えられるようになる。

熟達の道では集中の濃淡と距離の取り方が鍵になる。一つのことに濃い時間を使い、関係がないと思われることにも薄く時間を使うことで刺激となり新しい発想がもたらされる。集中の後には距離を取り客観視し整理する。薄く多様な時間と濃く特化された時間、そしてそのことを忘れたかのように距離を取ること。このバランスが重要だ。

俯瞰《ふかん》の技術

観察力がある人は、気づくのがうまい。対象との距離をずらしながら、あれこれと視点を動かすことができるからだ。視点を自由に変えられるようになれば気づきやすくなるということだ。

対象を観察する時、「俯瞰」と「集中」の二つの視点を使い分けることで精度が上がる。俯瞰とは全体のバランスを確認する見方で、集中は細部の違いを見分けるためのものだ。ただし、この俯瞰と集中は同時に行うことができない。鍛えれば、これらの間を即座に移動することも可能だが、同時に両立させることはできない。引いたり寄ったりを繰り返すしかない。

俯瞰して見るためには、見るという行為そのものがどう成立しているか知らなければならない。私たちが何かを見る時、直接対象物を見ているわけではない。対象が網膜に映り、その映像を意識が捉えて初めて見たことになる。見るとは眼に映すこととそれを意識で捉えることの二つで成り立っている。俯瞰はこの眼の問題というよりは、意識の問題になる。意識では注意を向けず、眼で焦点をもたず、眺めるのがよい。焦点とは集約点であり、そして偏りでもある。

そのまま眺めていると、意識しなくても何かが浮かび上がってくる。ただ眼に入ったものを流していき、何かが引っ掛かるのを待って、それを摑まえる。俯瞰にはロジカルな積み上げがない。ロジカルに考えようとする時に人はどうしても何かに焦点を当ててしまうので、相性が良くない。ぼんやりとしておいて、いきなり摑まえるしかないのだ。

スポーツでは上級者になるほど、視点が動かなくなる。最初は対峙《たいじ》する相手の動きをつぶさに観察するので、焦点が激しく動く。慣れてくると押さえておくべき数点を行き来するようになり、最終的に焦点がなくなり、ぼんやり眺めるようになる。普通に考えるとよく目を凝らして、見るべきポイントに集中した方が早く反応できそうなものだが、実際には俯瞰の状態の方が早く動ける。なぜならば、焦点を当てれば全体のバランスを見失うからだ。

人間が何か動作を行うと、相手にわからないようにしているつもりでも必ずバランスの変化がある。局所では隠せても、全体での変化は隠せない。

例えば壁に身体の左側をピッタリとつけると、右足を上げようとしても上げられなくなる。右足を上げれば身体は左に傾いてバランスをとろうとするのだが、傾くことを壁で制限されているからだ。身体のどこの部位でも動かせば、必ず違う部位がバランスをとりにいく。さらに動こうとするならばどうしてもそのための準備動作が必要になる。極力その準備を小さくわかりにくくすることはできるが、まったく無くすことはできない。だから皆目立たない部分でバランスをとり、相手に動きを悟られないようにしていく。

人間は集中すると、対象自体はよく見えるが、むしろそれ以外の変化には気づきにくくなる。直感的には集中した方が反応しやすそうに思えるが、実際には全体を漠然と捉えていた方が、変化に気づくことができる。すばやく対応しなければならないスポーツでは、最終的に俯瞰の目を持つことに到達する。

俯瞰を行うには、実際の眼球を後頭部側に引っ込めるように意識して焦点をぼかす。そして、考えず感じようとする。その際、全身を大きく開き、対象とそれを取り囲む環境までも含めて広範に取り込もうとする。イメージは、三六〇度すべてを撮影している定点カメラのような視界である。

集中とは注意の固定

一方で、観察における集中は対象をつぶさに見ていくことにある。自分の視点を対象に向け、細部まで見ていく感じに近い。集中状態では、対象をよくよく観察しながらほんの少しの差異を見つけ、考えていく作業に入れる。

集中とは注意の固定とも言える。ある対象に注意を固定し続けていくことでそこに思考も集約させていく。そしてこの集中の深さにはグラデーションがあり、少しだけ集中している状態から、本当に集中しきって周りが見えなくなる状態まである。集中にも技術が必要で、深い集中状態に入ると注意を向けていること以外が一切意識に上がってこなくなる。

集中状態に入るには対象に注意を向ける意識と共に、浮かび上がってくる雑念を退け続けることも重要だ。例えばオリンピックのような大舞台で集中するとき、こちらの注意を散らすものはたくさんある。メディアのカメラがこちらに向いているし、観客席には国旗もあれば、また応援しているファンの顔も見えたりする。「もしこれで失敗したら一生後悔するだろう」とか、「失敗すれば皆になんて言われるのだろう」というネガティブな考えや、「気になっていたあの技術はたくさん練習したからきっとうまくいくはずだ」とか、「このレースに勝って歴史に名を残すんだ」ということも浮かぶかもしれない。よく「ネガティブな思考をやめポジティブにしよう」などと言われるが、集中を妨げる点ではどちらも雑念である。雑念とは今この瞬間、注意を向けるべき対象以外に注意が飛んでしまうことである。

それならただ余計なことを考えなければいいようなものだが、実際にはこのような雑念が浮かび上がることは避けられない。人は何かを思いつくことをやめられないからだ。

だから、雑念を否定し封じることを目指してはいけない。どのような上級者にも雑念は浮かぶ。ただ上級者は雑念が浮かび上がっても、長く滞在させず流していくのだ。上級者と初心者の違いは、雑念の滞在時間だ。雑念の囁きはどこまでいっても聞こえてくるが、それについて耳を傾けることを避け続ける。雑念が浮かび上がっても、そこから想像を膨らませることを避け続ける。正確に言えば、「避ける」という意識すら持たずひたすらに手放し続ける。

集中する対象をどうするかで、全体のバランスは変化する。何かに集中すると、全身がそちらに向かざるを得ない。集中先は力の集約点でもある。集中している対象に身体全体が焦点を合わせるようになるのだ。だから、走る際にも五メートル先に注意を向けるのと、三〇メートル先に注意を向けるのでは、動きが異なる。ＰＣを仕事で長時間使うと、いつの間にか猫背になって首がやや前方に傾いている姿勢になることが多い。日常的にＰＣに集中することで姿勢自体が変化し、常態化した一つの例だ。
陸上競技でペースメーカーという役割がある。長距離などで集団の先頭に立って引っ張る走者だ。記録をねらう時に活躍する。ペースメーカーがもたらす効果は「防風役」「軽快なリズムを作る」がよく知られているが、もう一つ「力の集約点」を作る効果もある。何もない空間に向けて走るよりも、目の前を人が走っている方が力を集約させやすいのだ。自ら最も力が出る集約点を生み出せると、パフォーマンスが安定するようになる。興味深いのは集約点は行為の対象そのものでない方がうまくいくことがある点だ。ボールに意識を集約するのではなく、その奥数メートル先を意識した方がうまくいくことがある。

集中力があれば些細なことにでも注意を向け続けられる。自分の足の裏のこともあれば、一つの音に、時には空間にも注意を向け続けることができる。集中力は鍛えることができ、汎用性がある。

一度体験した深さが再現できるようになるのもそのためだ。自転車に乗れるようになったら、乗れない状態には戻らないように、だ。そして、集中が深まっていくごとに、集中には段階があることが腑に落ちていく。人里離れた静かな場所に行くと、こんな静かな環境があったのかと驚くことがある。同じように集中しきって周りが見えなくなる状態を体験すると、日常がどれだけ雑念に溢れているかがわかる。

集中を行うには、俯瞰とは反対に眼球を突き出すように意識し、対象に向けて焦点を当てる。全身のすべてを対象に向ける。パラボラアンテナを対象の一点に向けるイメージだ。

俯瞰も集中も視覚の話ではあるが、実際には全身を使ってその対象を感じ取ることが大事だ。やり方は正反対だが、この落差が大きいほど、より深く物事を観察することができる。

第三者の視点で自分を見る

観察する上で注意点もある。自分自身の無意識の行為に注意を向けることが「観」だが、過剰にそれを行うと問題を起こす場合がある。

人間の行為の多くは無意識の世界で行われている。行為だけではなく思考もそうだ。十分に経験を積むと、問題となる部分を見た時、考える前にまず違和感を覚えるようになる。その後なぜ違和感を持ったのかを考え問題点に辿り着く。考えるより先に自分の過去の経験と照らし合わせて、無意識に問題を拾い上げるのだ。

人間は複雑なことを無意識に行なっている。例えばバスケットボールでは、足で走りながら、手ではボールをドリブルし、さらに頭は相手の動きを読んでいる。これを一つ一つ意識的に行うならとても追いつかない。複雑なことを扱うのは無意識の世界の方が優れているのだ。ところが、この無意識下で制御されていた各部に注意を向けると途端にうまくできなくなることがある。

意識よりも無意識の世界の方が遥かに大きく深遠《しんえん》である。身体のどこかに注意を向けることは、広大な無意識という暗闇に意識のスポットライトを当てるようなものだ。その無意識の世界の複雑さを理解せずに、乱暴に意識のスポットライトを浴びせると、うまくいかなくなるのだ。

一方で、注意を向けて変化を起こすことで人は技能を改善していく。技能を高める上では無意識の世界に注意を向け、意識的に行うことは避けられないのだ。だが意識を向ければ、無意識の世界を混乱させることにもつながり、この加減が非常に難しい。

注意を自分に向け技能を改善するには、対象と自分自身の間に距離が必要になる。

例えばヘルメットをかぶり額にカメラを設置すると、自分の視界とほとんど同じ映像が撮れる。一方で自分の後方五メートル地点のやや上空から自分を撮影したものは、第三者視点になる。ふだん、私たちは自分視点で技能を行なっている。バットでボールを打つ時はボールに集中しており、来たボールを打とうとすれば身体は無意識に動くようになっている。

だが、その自分が「どのようにバッティングを行なっているか」を観察するならば、第三者視点に立つ必要がある。この第三者視点は自然に手に入るものではないので、意識して鍛えなければならない。「ボールを打つ」という意識しかない状態から「ボールを打つ私を外から観察しコントロールする」への移行だ。だが、そもそも第三者視点は不自然なことだから、すぐできるものではなく移行期間に問題が起きやすい。

例えば、ボールに集中していた状態では意識されなかった自分の身体が気になってくる。腰や腕などの位置が気にかかるからだ。

距離をとり、観察を続ける場合は無意識に行なってきた行為に意識を向けた状態になるので、行為自体がぎくしゃくしやすい。あまりにやりすぎれば、考えることをやめられない注意過多状態に陥ることもある。スポーツの世界では、ある動きだけに意識が向いうまくできなくなってしまう「イップス」という現象がある。ここに一度入りこむと泥沼が待っている。

私もまだしっかりと型が習得されていない段階で地面への足の着き方を考えすぎて

しまい、イップスになったことがある。走る際には、本来足首は自然に動くことが望ましく、意識して能動的に動かす箇所ではない。だが、一度イップスに入り考え始めてしまうと何が自然なことかがわからなくなってしまう。足首の動きによって足音が変わるので、足音が気になってしょうがなくなった。一番ひどかった時は、夜一人で歩いていて自分の足音がどうしても気になり、その場に立ち尽くして歩けなくなった。

足音を考えないようにしていたが、どうせ以前のように意識すらしない状態に入れないなら、別のことで頭をいっぱいにした方がましだと、手首に鈴をつけて走った。鈴の音が一定のリズムで鳴り、それを追いかけていくうちに徐々に意識が足首から離れ、イップスを脱していった。

私は運良く抜けられたが、この状態に入らないに越したことはない。そのためには注意の扱い方が重要になる。それは例えば虫眼鏡で紙に光を集め焦がした部分で字を書こうとする行為に似ている。あまりに一点に虫眼鏡の光を当て続ければ紙が燃えてしまう。しかし、焦点を当てないと焦がして黒くすることができない。少し光を当ててはすぐ外し、また当てて様子を見る作業を繰り返し、加減を摑んでいく。

注意の向け方も同様だ。注意を向けては外し、時間をおいてはまた向けてを繰り返すことで、なんとか無意識の世界での身の処し方を学んでいくしかない。

頭で「わかる」と体験で「わかる」の違い

「観」の段階に慣れてくると、「わかったつもり」に陥りがちだ。いわゆる頭でっかちと言われる状態だ。今までわからなかった「型」の構造を垣間見ると「なるほどそうだったのか」という感覚を強く抱くようになる。観察の能力を高めていくために、知識を蓄えていく段階でもある。理解できなかったことができるようになり、他者に説明することもでき、そこに強い快感を得て万能感が生まれやすい。だが、構造の理解には終わりがなく、もっと深遠な世界が先に広がっており、完全にわかることなどない。皮肉なことにすべての段階の中で最もわかったという感覚を持ちやすいのが、構造が見え始める入り口の段階なのだ。

「わかった」と「わかったつもり」の違いは、自分自身の体験に根ざして考えているのか、そうではないかだ。実際にやってみる機会は無数にあったはずだから、何も体験していないということはあり得ない。例えばランニング技術を高めようとしていれば、走る経験はいくらでもあるはずだ。だが、仮に同じ体験をしていても、そこから何かを感じ取ろうとしなければ体験は流れていってしまう。

競技者がアカデミックなトレーニングを受け始めた時、一時的に競技力が低下することがある。そういう時は決まって先行研究を学んでいく中で、選手の中に答えが出来上がっている。

だが、一度競技場に出ると、そう簡単にいかない。説明がつかないがうまくいく事例や、データ上は正しいはずなのにうまくいかない事例がたくさん転がっている。百回うまくいったが、百一回目はうまくいかないこともある。そこで現実に対し柔軟になれればそれほど問題は起きないが、あくまで自分の理屈にこだわる場合はより深刻なスランプに陥っていく。

なぜならば現実にうまくいくかどうかは、あらゆることが関係しあった上でのバランスで決まっており、ある一側面からだけではすべてを説明できないからだ。

科学が間違えているわけではない。科学として明らかになることには大きな意味がある。だが、科学は客観的で測定可能な方法で記述するように求められているため、現実をそのまま観察するのではなく、記述できる方法で現実を観察せざるを得ない。問題は、複雑な現実世界を、区切られた専門領域でわかっていることだけで理解しようとするところにある。熟達に必要なのは「証明」ではなく「実際にできるようになること」だからだ。私がまさにそうだった。「型」が定着してきて、知識を得て技術を考え始めた頃に筋肉の柔らかさに着目したトレーニングに傾倒したことがある。私には理屈も正しいと感じられ、実際に成功したアスリートもたくさん出ていた。そのうちにこれをやれば間違いないと思い何もかもをその理屈に当てはめて考えるようになった。だが、結局結果は出なかった。今考えれば、頭で考えた自分の理屈を無理やり当てはめようとしていて、目の前の現実を見ていなかった。

「そうなるはずだ」と「そうなった」の間には大きな隔たりがあり、実際にやってみなければわからない。試しながら、感触を感じ取り、理屈と現実を擦り合わせていくのだ。頭でっかちになり「そうなるはずだ」が先行しすぎると、「実際にやってみて、感じる」作業がおろそかになる。

「頭でっかち」とは現実を理屈で生きることだ。体験の情報量ははかりしれない。意識的に捉えている世界はほんの一部で、無意識も含めると私たちの身体は多くの情報を受け止めている。この身体で感じたことから始めるのが、体験に根ざして考える入り口になる。

「できる」から「わかる」へ

このように「わかったつもり」に陥ることもあるが、すでにできているのにうまく説明できない状態もある。この「観」の段階の通過のペースは人それぞれで、じっくりと通過する人もいれば、あっという間に飛び越えていく人もいる。

学習するためには、意識的な姿勢が必要とは限らない。「遊」の章で説明したように、私たちは何かをやれば、学び体得する。「型」で基本を手に入れていれば、そのあとはただ与えられた課題をこなしていくだけで学習し成長していく流れはできる。スポーツの強豪校で、細部まで何をやるかをコーチが決めている場合、選手は言われた通りやるだけで自分のやっていることを意識しなくてもよくなる。それでも繰り返していけばうまくできるようになっていく。

「できる」だけなら、必ずしも正確に構造を把握しておかなくてもいいのだ。出したいアウトプットのために、適切な入力さえすれば、できる。その時の当事者の感覚としては「とにかくやろうと思ったらできた」となる。

そうであれば「わかる」必要はないと思われるかもしれない。しかし、そこには二つの弊害がある。一つは、構造がわからなければ、自分がずれ始めた時にどう修正していいかがわからなくなるという点だ。

例えばスプリンターが不調になった時、その問題点を直すためにはどこに何が影響しているかを理解しなければならない。先述したように、私の足が後ろに流れる問題は、その前の地面を踏むところに原因があり、地面を踏む力を高めるために臀部の筋肉を使えるようにならなければならない。構造がわかれば入力と出力がずれ始めた時、何がおかしいかを理屈で理解することができ、元に戻すことができる。ところが構造がわかっていないと、なぜうまくいかないのかがわからない。

もう一つの「わかる」必要は、他者に説明するためである。構造を把握せずできるようになった場合、どううまくなったのかが自分ではわからない。なので人に説明できないのだ。

才能がある選手は理屈ではなく感覚的に捉えて、やろうと思ったことができる。目指すべき出力に対し、構造を介して適切な入力がなされるからこそうまくいっているのだが、それがほぼ無意識に行われている。入力と出力がずれにくいからだ。人間はうまくいかない時にこそあれこれ想像を巡らせるもので、苦労したことほど深く構造を理解するものだ。もしすんなりとうまくいった場合は、わざわざ構造について深く考えたりはしない。そのまま繰り返していくうちに、構造についてはわからないまま、システムの使い方は上手になる。

このように学習してきた選手がコーチになると、できるのだが説明はできない状態になる。自分はやってみようと思えばできたわけだから、選手にもやってみろとしか言えないのだ。しかも、その入力は自分自身でうまくいったものであり、他の選手でもうまくいくかどうかはわからない。自分の入力方法をひたすら伝えるだけになれば、構造が違う他の選手を育てることはできない。これが名選手が名コーチになるとは限らない理由だ。できるからと言って、構造を説明できるとは限らないのだ。

「観」を経て私たちはぼんやりとしていた世界を細かく部分に分けることができるようになった。丸呑みした型はここにきて破られ、関係を理解し、構造を把握した。さらに発展させ自在に柔軟に自分を扱うにはどうすればいいのか。次にいよいよ「心」の段階に入る。

第四段階

心

中心をつかみ自在になる

中心を柔らかくつかむ

「遊」の段階を経て、「型」で覚えたことを無意識に行えるようになり、「観」で構造が見えるようになった。ではこの次の「心《しん》」の段階では何が起きていくのか。

型を手に入れ構造がわかるようになると、徐々に漠然としたまとまりではなく、ここを押さえればうまくいくという点を見つけられるようになる。この核となる部分が「心」である。

丸呑みした段階では漠然としたまとまりだった「型」の構造が「観」で見えるようになった。さらに洗練させていくうちに、不必要な部分の力が抜けていく。片足で立つ際に、ふくらはぎや大腿部、肩に入っていた力も抜けていき、最終的にその姿勢を保つ上で、最低限必要な部分以外の力が抜ける。そして何かに力を入れようとする意識を持たなくても、中心をイメージするだけですべてがうまく連動するようになる。たとえ相手が横綱であっても、土俵際でバランスを崩した状態なら、後ろから少し押しただけで倒すことができる。この中心が外れてしまうと、持てる力をほとんど発揮できない。中心を摑むことで、あるべきところに中心を置き続けることができる。だからこそ大きな力を中心から発揮させることもできる。

走る行為も「心」までくると、着地している瞬間以外は脱力できるようになる。地面を踏む瞬間だけ体重をかければあとは勝手に身体が動いていく。この体重をかける瞬間をスプリンターは「乗り込み」と呼び、これこそが走りの成否を決める最も重要な瞬間になる。

乗り込みとは全身で自分の脚に体重をかけて弾む一連の動作を指している。これまでは多少なりとも脚が能動的に動いていたが、「心」においてはむしろ脚は受動的になる。脚を弾力のあるゴムのような感覚に保つことで、体重を乗せた時にたわみ反発する。まさに脚全体がパラリンピックアスリートのカーボン繊維の義足になったようなイメージだ。走る際には手も脚も振り子のような動きをしている。ブランコに乗っていると最も地面に近い時に圧力がかかるが、「心」を摑むと力を抜いた状態でも手足の振り子のリズムが着地の瞬間に完全に同期するので、乗り込む際の圧力が最大限に大きくなる。そして圧力によって脚に蓄えられた力が反発し、身体を前方に勢いよく運ぶ。乗り込みの瞬間の緊張、空中での弛緩、このコントラストがはっきりする。まるでブランコを漕いでいると揺らぎが大きくなるように、次第に、中心から末端を揺さぶっているだけで力が増幅していく。

走る行為は、同じプロセスを繰り返せば同じ結果が得られる単純な動作だと思われがちだが、実際には同じ結果が出たとしても、毎回違う調整が行われている。中心が取れているからこそ質が安定する。

例えば立っている時でも私たちは微妙に揺れており、一瞬として同じ姿勢はない。片足で立つとバランスが悪くなるのはその微妙な揺れを片足では吸収できなくなるからだ。さらにどんな動きを行う際でも、毎回筋肉の緊張度合いは違う。椅子に座った状態から立つだけの動作であっても、厳密に見れば毎回違う筋肉を稼働させている。今日と明日では体調も、精神状態も違う。どれだけ強気な人でもお腹が空いた時には弱気になる。

外界の条件も違う。暑い日もあれば寒い日も、風が強い日も弱い日もある。周辺の環境の揺らぎに合わせて当然自分自身も揺らいでいる。一定の環境に保たれた研究室で、歩行が完全にプログラムされたロボットは、部屋の中ではうまく歩けても、外に出ればそうはいかない。風が吹いたり、地面の感触が違ったり、湿度が違ったり、毎回少しずつ条件が変わるからだ。その変化に対し補正をしなければ、すぐバランスを崩して転倒し、そこで宙に浮いた足をただ動かす羽目になるだろう。歩く行為ですら一歩一歩、一瞬一瞬微妙に崩れるバランスを補正し続けることで成立している。

どんな世界でも環境の変化は起きる。しかも頻繁に、瞬時に。質が安定するということは毎回同じことを繰り返すだけの単純なことではなく、毎回違う条件に合わせて補正がされている結果なのだ。「心」を捉えることができれば、地震の際のビルの免震機能のように、意識しなくてもいつの間にか中心をとり安定できる。中心は捉えて終わりではなく、恒常的に保たれて初めて機能する。柔らかくとも崩れない。柔らかいからこそ崩れないこの状態を獲得するのが「心」である。

中心がわかると冒険できる

中心が摑めていれば、基準を持つことができる。そうすると、中心から自分がどの程度離れているかもわかるようになる。もしも温度設定がされていないエアコンがあれば、際限なく温度が上がったり下がったりするだろう。基準値が設定されていることで、暑い寒いが判断できる。異常が異常として感じ取れるのは、正常とは何かを知っているからだ。

体調を整えるのがうまいアスリートは、朝起きた瞬間に自分が正常な状態からどの程度ずれているのかを敏感に察知する。そしてそのずれをトレーニングなり日常生活なりで調整し、いざ試合の時には正常な状態に近づけておく。これも中心がわかっていて、ずれに敏感になるからこそできている。

この中心からずれた際の検知は早い方がいい。中心からのずれ際《ぎわ》がわからず、中心から離れたところに行けば行くほど元に戻す際に時間がかかる。手のひらに箒《ほうき》を立ててバランスを取って遊んだことはないだろうか。箒がほんの少しでも傾いた時にそれを察知できると、常に箒が直立している状態を保ち続けることができる。察知が遅いと維持できず倒れてしまうかもしれない。ずれの検知に敏感であればあるほど箒は安定する。

一方であえてバランスを取らずに、遠くまで行くことも可能になる。何かを試したり、思い切って変更してみたりと、冒険する時だ。何かを新しく変えたことで、前よりも悪くなったということはどの世界でも起きる。中心がどこなのかをはっきりと体得できていないので、いったんずれると中心がどこだったかわからなくなるからだ。出発点に目標となるものを見つけていれば、どこに行っても元に戻ることができるが、目印がなければ手がかりがなく簡単に戻ってくることはできない。

初めて高野進さんのところに行った時、私は複数のアスリートの良いところを取り入れようとしていた。ところがそれぞれのアスリートから切り離してパッチワークした技能は、意味を持って繋がっているわけでもなく、チグハグでほとんど機能していなかった。それを高野進さんは器用貧乏と評したのだ。「型」ではいろんな流派からいいとこ取りできないのは、何が中心かがわからず、崩れてしまうからだ。

一度「心」を摑むと自然と「らしさ」が現れるようになる。「型」は共通のものだったが、「心」はそれぞれの人固有のものだ。だから、個人差が生まれる。「らしさ」を獲得した後は、何が自分らしいことで何がそうではないかがわかるので、違う流派を試したり、全く違う領域から何かを取り入れたりができるようになる。思い切って違うことをやっても、どこかに「自分らしさ」が残るし、これは違うなと思ったらすぐオリジナルの中心位置に戻ることもできる。ここにきて遊べる範囲が一気に広がっていく。

このように中心をしっかり摑んでいれば、安心して冒険できる。中心への確信の強さと冒険が可能な範囲は比例するのだ。上級者がいろんなことを試せるようになるのは、中心がしっかりしているからである。

自然体とは、自在になること

中心を確立できると、人は自在になることができる。自分が取るべき位置が安定するので、自然に、無理をせず、力みがない状態を取れるからだ。力が抜けて姿勢が維持できている状態を私たちは「自然体」と呼んでいる。ただ力を抜けば簡単にできそうなものだが、経験を積み技術を高めなければ自然体には到達できない。

例えば立ちながら脱力するためには、立位の姿勢を保つ部分に力を入れておく必要がある。すべての力を抜けば全身が崩れてしまうから、最低限維持する力は必要だ。「リラックスする」「脱力する」ということの本当の意味は「姿勢維持に必要な部分のみに力を入れ、それ以外の力を抜く」ことである。要するに自然体とは徹底した合理化ということだ。必要な時に、必要な箇所に、必要なだけ力を入れ、それ以外は脱力する。これが自然体だ。

自然体になるためになぜ中心を摑む必要があるのか。例えば身体で言えば、少し前に屈んだ姿勢で脱力しようとしても、自然に腰に力が入ってしまう。前に傾いている上半身を腰の力で保持しており、腰の力を抜けば前に倒れてしまうのだ。

中心がずれていればそれを補助するために力が入る。人間には適応能力があるから少しぐらいのズレは吸収してしまうのだが、長期間になるとその歪みがわからなくなる。だが、実際には姿勢を保つために周辺に負担をかけ続けているので、いずれ破綻する。

スポーツで怪我をした時、整形外科の医師はヒストリーを見る。過去にどのような怪我があったのか、治療は行っているか、スポーツ歴はどうかなどだ。そして、選手の身体アライメントを確認して、バランスを見る。なぜならば過去に負った怪我を庇った姿勢で適応し、その歪みから怪我が生まれているかもしれないからだ。歪みを庇って新たな歪みが生まれると、問題が引き起こされるのだ。

だから力を抜いて自然体になろうとするならば、小手先で誤魔化すのではなく、まず中心を取り安定させる必要がある。そうして初めて、バランスを取るために緊張していたところの力が抜ける。

自然体になり力を抜くことができれば、何をするかを自由に選べるようになる。引き攣《つ》っている部分や、引っかかる部分がなくなるのだ。姿勢が崩れている状態で何か仕掛けようとすると、一度正常な位置に戻り、そこから始めることになるから一拍遅れる。崩れた状態のまま仕掛けようとすれば本来の力が出せない。

自然体でいれば偏りがなく、どこにでも向かえる。野球で一塁に出ている走者が二塁ベースに向けて身体を傾けすぎていれば、牽制球に反応し一塁に戻るタイミングが遅れる。それは傾きを元に戻すために時間が必要だからだ。自然体はその傾きがない状態だから、多くの方向に瞬時に直接本来の力が出せる。武道の達人と対面した人が「気がついたら間合いを詰められていた」「いきなり動いた」と口にするが、これは達人の瞬発力が優れているだけではなく、いきなり動ける自然体の状態にあったからだろう。

熟達者に力みがないように見えるのもそれである。自然体で、無理せず簡単そうにやっているのに、高い質の結果が出せる。臨機応変に変化に対し素早く反応できる。

そうなると、然《しか》るべき時期に然るべきことをすればいいだけだから、動き自体にも余裕が生まれてくる。流れるように何かが行えるようになり、澱《よど》みがなくなる。だから熟達者の動きはむしろ緩慢にすら見える。無駄なことを行わなければ、すべきことは最小限で済むのだ。

「構え」のいらない世界

自然体で自在になると、虚実をないまぜにできる。これは特に誰かと競い合う場面で効果を発揮する。例えば、サッカーなどのフェイントを考えてみよう。相手を騙すことがその目的なので、なるべく相手には自分の本当の意図を知られたくない。だから表に見えている動作に偽物の意図を混ぜて、悟られないようにしなければならない。相手がこちらの意図を読みかねている状態自体がすでに有効だし、相手が勝手にこちらの意図を読み違えてくれればさらに有利になる。

もし相手の意図を読み取れなければ、あらゆる選択肢を想定しなければならなくなる。こちらが四方に門がある城を守っていて、相手がどこから攻めてくるか読めなければ、すべてに守りの部隊を配置しなければならず、戦力は分散する。敵が何を考えているかわからなくなることは基本的に不利だ。

相手が何をしようとしているのかを読み取る際に、構えは重要なヒントになる。構えは、何かに対しての準備だから構え自体が情報を相手に教えることになる。何かを警戒したり、狙ったりしていることがわかるからだ。構えがなくなれば、相手には意図が読み取りづらくなり有利だ。

通常私たちが誰かと向き合う時は、「気がつく→判断する→準備する→行動する」という一連の流れを辿る。構えをなくすのはこのうち「準備する」を省くために行われている。判断不能なものに対し準備をしてしまうこと自体が、判断の幅を狭める。野球で言えば、二塁に向かう準備をすること自体が一塁に戻る判断を鈍らせている。しかも一塁には戻りにくいことを相手にも伝えてしまっている。

もし気がつき判断していきなり行動に移せるなら、構える必要がほぼなくなる。中心を摑めていなければいないほど、行動の前に準備が必要になる。まず動ける体勢になってからでなければ動けないからだ。中心が取れ自在になれば、行動に移るまでの時間が短縮される。

「準備→行動」とは弛緩から緊張への移行とも言い換えられる。反応の速さとは脱力された弛緩状態から、力を入れて緊張するまでの時間差で決まり、この時間が短いほど動きが機敏になる。いかに力があっても弛緩と緊張が瞬時に行えなければ、動きが遅くなり機敏さは生まれない。

誰かと対戦する類のものは、多かれ少なかれ崩しあいとなる。相手が中心を外しバランスを崩したら、そこに隙が生まれ仕掛けられる。虚実を混ぜる中でいかに中心が崩されないかを競い合う。自然体は何にでも対応できるから、構え自体が必要なくなる。どの選択肢でもとれる状態に身を置ければ、ぎりぎりまで決めなくてもいい。相手に悟られかねない意図を持たなくても済むから有利なのだ。

滞りがないと、動きは美しい

「心」を摑めると、力の出し方も変わっていく。中心から末端に力を流せるようになり、より自然な形で大きな力を生み出せる。先述した通り中心が摑めていない状態は、どこかに偏りがあり、その姿勢を保つために力が使われている。新しいスポーツに取り組む時、最初のうちは手足などの末端が疲れるのは、中心が摑めていないために末端が補正しているからだ。上達してくると胴体に近い部分が疲れ始める。身体における中心は股関節周辺で、末端は手足だ。

中心を獲得すると、最低限必要な部分以外は脱力できる。その状態を作れると、姿勢維持に力を使わなくても良くなるので、中心から生まれる力を自分が向けたい方向に集約させられる。力の伝達は常に中心から末端に向かっており、末端から大きな力が生まれることはない。

ホースから出る水で例えると、中心はホースに注ぎ込まれる水量で、末端はホースの先端に当たる。ホースの先端を広げたり狭くすることで、飛び出る水の勢いをコントロールできるが、そもそも注ぎ込まれる水の量が少なければいくら先端を器用に扱っても水の勢いは出ない。注ぎ込まれる水の量が限界を決めており、末端はそれを方向づけるだけだ。

走る行為で言えば片足で立つ際に臀部の筋肉を使わなければならないのは、それが中心だからだ。まずそこで大きな力を生み出し、その後足先に力が伝わっていく。中心である臀部の力が発揮できなければ、手足で何をやってもスピードは生み出せない。

もちろん中心が重要だからといって、中心の力を末端に連動させられなければ意味がない。野球で、ピッチャーの腕は細いのにボールにあれだけのスピードが出るのは、地面から得た力を、身体を通してボールに伝えるまでの連動が素晴らしいからだ。だが、連動を意識的に獲得することは容易ではない。意識する部分が多く複雑かつ速すぎて、とても間に合わないからだ。だからこそ「遊」で、思い切り動くという経験をしておく必要がある。思い切り動けば自然と連動が促されるからだ。

ダンサーが、ボディウェーブで身体の各部位を波打たせていくように、流動的なイメージで捉える必要がある。熟達者の動きが柔らかく見えるのは、力を身体の内側に通らせて、綺麗に連動しているからだ。動作の美しさは、この連動の見事な流れに表れる。

陸上競技の短距離でも、ゆったりと足の踏み替えを行うトレーニングがある。太極拳も本来は素早い動きで行うものをゆったりとした動作に汎化させたものだ。末端だけ素早く動かすと見た目は速く動いているように見えるが、そこには力がなく、速さにも限界がある。急がず丁寧に行うエクササイズがあるのは、見せかけでごまかしてしまわないようにするためだ。中心をしっかり摑んでいれば緩急も自在になる。

リズムが連動を生む

連動はあまりにも複雑なので、私たちが詳細を意識することは難しい。だから、良い連動を引き出すためにはリズムが使われる。どんなことでも上手な人と一緒に何かを行うと、うまくできるような感覚に陥ることがある。カラオケが上手な人と歌うと上手に歌える気がするし、ダンスでも運動でもそうだ。知的作業でも上級者の横で一緒に行っているだけでリズムにひきずられてうまくいく。だが、内在化されていないので一人で行うとまた元に戻ってしまう。

「心」を捉えると、自分のリズムを内側に持てるようになる。だから良いリズムが何かがわかり、「流れが良くない」「タイミングがおかしい」という感覚で、リズムのずれを素早く検知することができる。例えば「ダダダ」「グイッ」などのオノマトペ言葉には、リズムが組み込まれている。運動における上級者はこのオノマトペを頭の中で意識するだけで、動きを変化させることができる。うまくいかない時も意識的に変えて良いリズムに引き戻していく。

運動は自分の身体だけにはおさまらない。生まれた力を外部に伝え、返ってきた力を適切なタイミングで受け止めれば、徐々に力は増幅されていく。お風呂の中で自分の身体を前後に揺さぶると徐々に水面も前後に揺れていく。それにタイミングを合わせて揺さぶれば、波は大きくなりいずれ風呂からお湯が溢れる。外部との連動ができるようになると、自分が中心となり、周囲を巻き込むことができるようになる。周りを自分のリズムに引き込めるのだ。

レベルの高い集団に入ると、入った人間も急にレベルが上がることがある。その集団の目的意識が高かったり、当たり前のレベルが高かったりするなどの理由はもちろんあるが、リズムも大きく影響しているだろう。最初はついていくのに必死でも、そこで行き交っているリズムに自分を合わせていくうちに、本当にできるようになっていく。

集団の中にもリズムがあり、良い集団はこのリズムと連動の質が高い。

個性とはグループ内の差異

ここで各人に固有のもの、個性について考えてみたい。私たちは他とは違う唯一無二の自分であると感じながら、一方でヒトという生物種グループに入っている。個性とは「グループ内の差異」のことになる。差異が大きくなり過ぎれば個性とも意識されない。トカゲのグループの中にウサギを入れて「個性的ですね」とは表現しないが、ウサギの毛の色が多岐にわたれば「それぞれ個性がありますね」という。同じ生物種だからだ。

だから違いよりも共通点の方が多いグループの中の差異を取り出し、それを個性と呼んでいる。「型」では個性を一旦脇に置いたのも、違いよりもヒトとしての共通点が多いことが理由だ。だが、「心」に至ると個性は重要な要素になる。大きい範囲は共有できても、狭い中心部分はすべての人によって違うからだ。

この個性について考えるのに、二つの方法がある。他者との比較で見るか、過去の履歴から見るかだ。

個性は他者との比較によって自覚される。人生で誰とも会わず無人島で育った人間が自らの特徴を語ることはできないだろう。外交的なのか内向的なのかさえ比較対象を必要とする。平均がわからなければ自分がどちらに偏っているのかすらわからない。個性は常に相対的なのだ。

例えば私は日本では子供の頃からよく人に話しかけていたので、社交的だと言われていた。ところが初めて海外のチームに所属したとき、「お前は静かなやつだな」と言われた。もちろん言語の問題もあるが、日本の中で多少賑やかでも、海外のしかもスポーツ選手の集団の中では、静かな性格に分類された。

自分自身は変わっていないのに、自分に対する評価が変わる。つまるところ自分が何者かは、自分が一体どのような属性を持ったグループに所属しているのかで変わる。長い間日本代表にいたハードル選手が自分のことを「あまり足が速くない」と評価していたことがあった。足の速さで言えば間違いなく日本の上位〇・一パーセント以内に入るレベルだったが、日本代表というグループの中では「足が速くない」という認識になる。

自己評価も、違うグループに入ればまた変わっていく。別の価値観を知ることで徐々に自分自身の捉え方も変わっていく。自分を知るためには人に会えと言われるのは、違う価値観を知ることで自分をより捉えやすくなるからだ。

ずっと同じ文化の中に身を置いていると自己評価に偏りが出る。複数の基準をもっているほど自分を捉えやすい。だから自分の個性を考える時には、そもそもどの基準で比較をしているのかを理解しておく必要がある。

個性を理解するもうひとつの方法は自分の過去である。過去にこのような意思決定を行った、このようなバックグラウンドで育った、快不快をこういう出来事で感じた、など過去の経験から自分を分析できる。

過去から自らを推測することは、他者を観察し、どんな人かを推測する行為に近い。シャーロック・ホームズの小説の中でクライアントが部屋に入ってきて話すまでの様子から、相手の背景をホームズが推測する描写がある。仕草や服装から、性格やこれまでの人生を想像するのだ。

自分の個性を理解する方法も同じだ。自分の行動や言葉を、まずは他者のように観察しそこから自分の性格を推測するのだ。

とはいえ、過去から自分を推測する場合は注意が必要である。人間は環境に柔軟に適応する。だから過去と今の環境が違えば自分自身もまた変わっている可能性が高い。自分はこういう人間なのだと決めつけると、むしろ自らが定めた自分のイメージに縛られていくことになる。もう少し柔らかく自分を捉える必要がある。

「諦めること」で個性を活かせる

個性を認識すると正常な状態が人によって違うことがわかるので、個性は偏りでもあるとわかる。それでも人はそれぞれの偏りの中で、中心を摑もうとする。すべての人間には利き足、利き腕、優先させる目があり、これは生涯にわたり変わらない。世界一を争うようなトップスプリンターも、左右の歩幅には違いがある。左右対称にしたほうがバランスがいいと思いがちだが、実際には左右どちらかに寄ることで全体のバランスをとっている。人間そのものだって完全には左右対称ではない。当たり前だが形が違えば中心位置もまた違う。骨格、性格が違えば中心もまた違ってくる。個性を認めず無理やり共通の理想を目指すとむしろ個性を殺してしまい、うまく機能しなくなる。

人間には長所と短所があるが、それは、環境との関係によって決まっている。そして長所と短所は、表と裏の関係にある。あなたが試合の本番で、力が出せなかったとしよう。細かいことが気になってしまい、チャンスの時に大胆なプレイができなかったためだ。その経験を持つあなたは、就職などの面接で短所は気が小さいところです、と言うかもしれない。一方で、リスク管理をするような仕事の場合、細かい部分が気になり完璧を求める性格が有利に働き、長所として評価されるかもしれない。体の大きな生物は豊かな環境では食物連鎖の上位にいるが、必要とするカロリーが多いために食物が少なくなった状況では生存が難しくなる。

このように特徴の良し悪しを考えることにあまり意味はない。同じ特徴でも場面や環境が変わると短所から長所、長所から短所に変わりうるからだ。

個性を活かすには、自分の思い込みで長所や短所と決めつけず、特徴を特徴として捉えることが前提だ。しかし、人には偏見があり、特徴を長所だ短所だと決めつけてしまいがちだ。

価値観も一つの偏見だ。例えば古典的な男らしさを重視する環境で育てば、それに反する男性の振る舞いを過度に短所だと感じやすくなる。慎重さを臆病だと感じたり、共感能力の高さを信念の弱さだと捉えたりする。だからあるがままの特徴を摑むには、自分自身が持っている偏見に気づく必要がある。自分が持っている偏見こそが、特徴を勝手に短所と長所に割り振るからだ。

偏見から逃れるには、「諦める」という感覚が重要になる。諦めるという言葉は仏教用語で、物事を明らかにするという意味を持っている。つまり、自分自身の執着や偏見を取り除いて現実をあるがままに見よということだ。

この場合「諦める」とは自分を卑下することでも、何かを断念することでもない。等身大の自分の特徴を受け入れることだ。だが、等身大の自分を受け入れることに対し、最も強く抵抗するのも自分自身である。なぜならば偏見も価値観の一部であり、自分がこれまで大事にしてきた基準を否定するようにも感じるからだ。こうでなければならないというイメージを強く持っている人ほど抵抗する。これに成功しなければ、偏見なく自分の特徴を捉えることはできず、個性を活かすこともできない。

本書で伝える熟達論では必ずしも他者との勝ち負けを重視しない。だが、もし勝ちたいのなら、自分の特徴が活かせる場所を選ぶことは絶対条件だ。

私はスプリンターとしてはピッチが遅い選手だった。トップスプリンターは一秒間に五回近く足を回転させることができるが、私は四回半ほどだった。中学生の頃はそれでも十分に戦えたが、年齢が高くなるにつれ徐々にライバルに追いつけなくなっていった。レースの中盤で足がもたつく感覚になり、置いていかれるのは歯痒い思いだった。

十八歳から四〇〇メートルハードルに種目を変えると、このピッチが出せない弱点を「ストライドが出せる」と評価されて驚いた。足の速さは回転数（ピッチ）×歩幅（ストライド）で決まっている。速度が同じであればピッチが遅ければ歩幅は広く、歩幅が狭ければピッチは速い。四〇〇メートルハードルにおいては、少ない歩数で走れる方がタイムが縮む傾向にあり、大きなストライドで走れる特徴は長所になる。どれだけ努力をしても、自分を活かせない場所での勝利は難しい。戦い方だけでなく、戦う場所も自分の特徴に合わせて選ぶ必要がある。

自分自身の特徴を見る時は、他人を見るように冷静に観察しなければならない。こうでありたいという願望や、こうでなければならないという偏見を排除し、あるがままを観察するのだ。

人間は、固定化した存在ではない。個性も柔軟に変化していくが、変わらない性質はやはりある。変化するものとしないものの境目を見つけるのは容易ではない。後天的に変わる可能性があるものと、変わらない固有のものを分けるということだ。しかも、この特徴には後天的な癖が混ざってくる。自分の本来の性質だと思っているものも、知らないうちに身についた癖かもしれない。それなら時間が経てば変わっていく可能性がある。

これについては具体的に見極める方法はないが、多様な体験をすることはヒントになる。いろいろと経験していると自分なりにこれはうまくいった、これはうまくいかなかったという基準が蓄積でき、それを手がかりに自分の性質を摑むことができる。これが、最初に遊びが必要な理由でもある。遊びによって、多様な体験が生まれ、自分の特徴を摑みやすくなるのだ。

熟達者が「他にないその人らしさ」を持つのは、個性をあるがままに捉え、その中心を摑んでいるからだ。型を手に入れ、破り、「オリジナル」に昇華させているのだ。個性の中心を手に入れれば、ちょっとの仕草にもその人らしさが見える。他と差をつけようとしなくても、自然と他との違いが滲み出る。人はそもそも同じではない。いや、同じであろうといくら望んでも、同じになることはできないのだ。

成功体験からの脱却

人は自身の長所短所に囚われがちだが、同じように成功体験に強く縛られてしまうことがある。

知識と経験が蓄積されていくと、自分の見方に確信を持ち、固執するようにもなる。新しい見方ができなくなるのだ。見方が固定されてしまえば、新しい発見はなくなり成長もまた止まってしまう。時代と共にテクノロジーは進化するし、外的環境も変わる。過去に通用していたことが通用しなくなることも当然ある。ところが、過去にうまくいったという成功体験は強烈な印象を残すから、環境が変化しても簡単にそこから逃れることができない。あれこれ試しているつもりでも、ついうまくいった昔のやり方に戻ってしまうのだ。

私自身、成功体験に強く囚われたことがあった。一度目の世界大会でメダルを獲得した時、ウエイトトレーニングを集中して行い筋量を増やしてうまくいったために、そのやり方にこだわってしまった。その後、いろんなことを試してみるものの、うまくいかなくなったり不安になったりするとすぐ、ウエイトトレーニングを行なって筋量を増やそうとしていた。

成功体験から逃れるのはなぜそれほどに難しいのか。人間はどうなるかわからない方法を嫌う。そもそもうまくいくかどうかがわからない方法よりは、過去の経験で予測がつく方法を好む性質がある。さらに、成功した体験がある場合は、この方法でうまくいくという感覚が刷り込まれている。実際にそれには正しい側面もあって、うまくいく方法を経験から編み出したのだから、それはその人の成功パターンとも言える。何も環境が変化しないのであれば、それを繰り返しておけば通用し続けるのかもしれない。だが環境は変化を伴うものだ。自分自身も変化する。そうすると過去に成功した方法が通用しなくなっていく。

だが成功体験が通用しないからといって、すべてを変えたとしてもうまくいかない。環境に合わせて自分も変化しなければならないが、自分らしさを失うところまでいくと、中心を外してしまい自分の力を発揮できなくなるからだ。成功は中心とその周辺がうまく機能した結果だが、人は中心だけではなくその周辺も含んで成功体験として記憶している。だから、変えるべきものと変えるべきではないものの境目は中心と周辺の際《きわ》にある。

あらためて問いかけるべきは「中心とは何か」になるのだが、この場合は今まで説明した「中心」よりも、捉えるのが難しい。この時考えるべき「中心」はスポーツにおける姿勢の重心や、身体における体幹よりも抽象度の高い、自分の在り方のことだからだ。成功体験から脱却するには、自分にとっての中心とは何かを問い続けるしかない。

私の成功体験における「中心」は筋量が増えることそのものではなく、トレーニングの過程にあった。スクワットなどの股関節を主に伸展させるトレーニングによって、もともとあった弾むような走りがさらに強調され、パフォーマンスを向上させていた。「片足で立つ」が走りの共通の「型」だが、「弾む走り」が私の特徴の中心だと気づいたのだ。筋量を増やして成功したのは身体に若さがあったからだが、年齢を重ねて膝に痛みが出るようになっていた。そこで筋量を増やすのは負担が大きいと考え、むしろ体重は減らし、股関節の伸展を中心としたトレーニングに変えた。

過去に成功したのであれば何かはうまくいったはずだ。ただ、成功要因が一体何なのかははっきりしない。だからこそ漠然とした成功体験の奥にある「中心」に迫り考えることが重要になる。

「もし」の力

「心」の段階では、個性を最大限発揮し、限界を超えることになる。それを助けてくれるのは適切なイメージだ。中心を捉え自在になると、自分をいかようにも誘導することができる。ここで大事になるのが、ある仮定の環境をイメージし、自分の能力を引き出すことだ。これを「もし」の力と呼ぼう。

例えば、コーチが走り方を説明するのに、もっと速く足を回転させるように伝えたいとしよう。直接足を速く動かせというと選手は力んでしまい、うまくいかない。そういう時に「もし、地面がものすごく熱い砂浜だったら」と声をかける。当然長く高温の地面に足を着いているわけにはいかない。着地した後、すぐ足を地面から離す。しかし宙に浮き続けることはできないから必ず足は地面に着く。その途端に急いで離す、という風に足を交互に速いタイミングで回転させなければならなくなる。足を回転させようと意識するよりも、この方が自然に足が回転するようになる。

また日本舞踊では「上から降ってくる雪を掌で受け取るように」という表現がある。ここに雪が降ったならとイメージすることで、動きが穏やかに柔らかくなるそうだ。また宮本武蔵は著書『五輪書』の中で「遠山《えんざん》の目付」を語っている。遠くの山を見るイメージを持つと、相手の攻撃に反応しやすくなるというものだ。このようにある環境をイメージすることで、引き出したい動きを引き出す方法が「もし」の見立ての力である。

ハードルを跳ぶ際に「ハードルの上の襖《ふすま》を蹴破るように」とアドバイスをすることがある。このようにある環境をイメージすると、それに対して身体は自然と対応するものだ。その行為を分解してみると、地面を親指の付け根で蹴り、そのまま膝と足首は九〇度に曲げ横から抜いてきて、足の裏を前方に見せまっすぐ伸ばし、上半身を傾けながら腕を前に出すことを行っている。これらの行為一つひとつを意識すれば頭は混乱し、たとえオリンピアンでもハードルを跳ぶどころではない。私たちの頭と身体は環境に対し行動する時には自然だが、自分の身体に意識を向けると不自然になるのだ。

ある行為がうまくできなくなるイップスについて、「観」の章で説明した。興味深いことにこのイップスは、自らの意思で動き出す行為に多く、受け身で行うものにはあまり見られない。野球で言えばピッチャーのイップスはあるが、バッターのイップスは少ない。テニスプレイヤーではサーブのイップスは多いが、レシーブのイップスは少ない。環境に対し「合わせる」ものは、自然な行為だからイップスは少ないのだ。

人類も含め生物は環境に合わせて行動するよう進化している。危険から身を守り、栄養となるものを捕えて食べる。仲間とコミュニケーションを取り、群れを保つ。自然界では何もない空間に向けて狩りをしようとしたり、何もない空間から逃げ出したりはしない。行為は外部環境に対して行われ、外部環境によって行為が促されもする。「もし」はこの「環境に合わせる時、人は自然に動く」ということを最大限利用している。

「もし」の力を使うには想像力が必要になる。コーチに頼らず自分で自分を観る場合は、過去に自分の行動や思考がどんな状況で引き出されたかを思い出し、その状況を再生してみることだ。そこに現実感があるほど、引き出される動きもまた自然になる。

とにかく具体的に詳細に想像するのが鍵だ。自分自身にいくつも質問を浴びせ、どんどん具体的にしていく。熱い砂浜はどんな熱さか、触れるだけで熱いのか、数秒は我慢できるのか。周りに人はいるのか。雲はあるのか。騒々しいのか静かなのか。砂浜の幅はどの程度か。砂の細かさはどの程度か。このように細部を頭の中で描ききることで、「もし」という状況に現実感が生まれ、自分自身が反応し動き出す。漠然としている「もし」では動き出さない。

環境を想像ではなく、本当に作ってしまうことも可能だ。有名なのは野球の王貞治さんが選手時代に行った「真剣で紙を切る」というものだろう。真剣を扱うことで緊張感が生まれ、正確に振らなければ紙も切れない。ある特殊な条件を揃えることで、動きを引き出すことができる。

これを利用して、限界を越える方法もある。ハンマー投げ選手であった室伏広治さんは現役時代、ウエイトトレーニングのバーの両端に錘《おもり》となるプレートではなく、ハンマーをぶら下げてトレーニングをしていた。二つ振り子があることで、予測不可能な動きが出る。その予測不可能な動きに対応することで、普段のパターンとは違う動きが自分から引き出されることを狙ったものだ。このように現実の環境をうまく利用し自分の限界を突破することは可能だ。

この「もし」の力は、人間がその状況下でどう動くかをよく観察し、想像しておくことで発揮できる。人間は環境から切り離されて動くことはない。どのような動きも環境に合わせている。そのために自分と、自分を取り巻く環境の中で自分の行為がどう生み出されていくのかを常に観察しておく必要がある。想像力を駆使し、環境と自分との間の相互作用を利用するのが、「もし」の力である。

身体を介した言葉

「もし」には多くの比喩表現が使われているが、そもそもすべての言葉は近似イメージを引き起こすものでしかない。本当の意味で「それそのものを指し示す」ことは不可能なのだ。これは地図と現実の地形の関係に似ている。例えば「日本地図」は「日本」を縮小したものだが、日本の地形を過不足なく相手に伝えるなら日本の地形そのものを伝えるしかなくなり膨大な情報量が必要になる。言葉も地図と同じように、現実の特徴を比喩的に集約したものだ。私は初めてのオリンピックの九台目のハードルで足をぶつけて転倒している。だが、いくら言葉で「シドニーオリンピックの四〇〇メートルハードルの予選の一レーンの九台目のハードル」と説明してもそれがどんなものかほとんどの人にはわからない。「あの九台目のハードル」を指し示して伝える言葉は、いくら探してもないのだ。一方で私は「あの九台目のハードル」と一言聞くだけで、自分の脚がハードルにぶつかり転倒して地面にうつ伏せた状態から周囲の選手が私を追い抜いていく風景まで、自動的に思い起こされる。同じ「冬」という言葉を使っても、雪国で育った人と、南国で育った人では想起するものが違う。その言葉が引き起こすイメージは体験によって違うのだ。

言い換えれば体験を積み重ねていくことで、言葉は豊かに変化し、その人でしかわからない意味を含んでいく。私たちはくっきりとした輪郭の誰にとっても同じ意味をもつ言葉をやりとりしているのではなく、近似のイメージを引き起こすきっかけをやりとりしているのに過ぎない。

では、熟達プロセスでの言葉はどのように選んでいけばいいのだろうか。なんの体験も思い出も含まない単語は、記号に過ぎない。その言葉が持つ広がりと奥行き、言葉を投げかけた時に波紋が広がる感覚は、身体的な実感で得られる。自分の身体を介して得た言葉は、自分にとって確信に近い実感があるからだ。

先述したように「乗り込む」感覚はスプリンターのみならず二足走行をする人間にとって、重要な感覚だ。一度この感覚を体験すると、この言葉を聞くだけで身体がその感触を思い浮かべる。一度身体的になれば、自転車に乗った瞬間に少しサドルが沈んで反発する時や、車のブレーキを踏んでその感触が股関節に返ってくる時や、ボールが目の前で弾む時などにも乗り込む感覚が想起される。

言葉は先人の感覚を保存するものでもある。型の伝承も言語を介してなされることが多い。昔は画像で保存するテクノロジーがなかったことも影響しているが、大きな理由の一つに映像は表現された姿しか残せないことがある。言葉は表現された姿だけではなく、どこに注意を向けながら行うかなど感覚の部分も含んでいる。言語は曖昧であるがゆえに、言葉が波紋のように広がるのだ。

一旦体験した技能でも、うまく再現できなくなることがあるが、その時には、自分なりに鍵となる言葉で感覚を思い出すことができる。言葉は感覚に楔《くさび》を打つようなものでもある。その時の言葉は正確な定義通り使われていなくても構わない。その言葉がきっかけとなり動きが生み出され連動するのであれば、どんなものでも良いのだ。

技能が創造性を解放する

さて、ここまで一連のプロセスを経て、私たちは自らの創造性を自在に表現する手段を得つつある。

私たちの創造性の限界はどのように決まっているのだろうか。創造性を阻むのが技能の壁だとしたら、私たちは熟達のプロセスで技能の限界を押し広げてきたと考えてみよう。そうなれば表現の限界は技能が決めているということになる。つまり、こういうことだ。

私たちの中には大きな可能性を秘めた創造性がある。そのすべてが外に表現されているわけではない。その表現を阻害しているのは、技能不足だ。だからこの熟達のプロセスで、一つひとつ技能の障壁を取り払ってきた。「心」の段階で、技能を自在に操ることができれば、制限するものは取り払われ、創造性が解放されすべてを表現できる。

このような考え方は、創造性が技能という手段を通じて表現されるという、一方向の関係を前提としている。ところが、実際には技能自体が創造性に刺激を加え、より豊かな表現に到達することがある。人間は実際に自分でやってみなければ、その感覚がわからない。実際にやってみて、その感触から新たなことを思いつくのだ。

走る行為は、加速区間、維持区間、減速区間と三つの区間に分けられる。一〇〇メートル走であれば六〇メートルまでが加速区間、六〇－八〇までが維持区間、八〇メートル以降が減速区間となり、維持区間がほとんどない。この減速区間は、どんなアスリートでも減速を避けられない。だが、四〇〇メートルハードルは六〇－三〇〇メートルまでが維持区間と長く、なるべく少ない労力で速度を維持することが重要になる。

技能が向上していき、中心が意識せずとも摑めるようになると、この維持区間で力を抜けるようになる。初めてそれを体験した時に、まるで自転車に乗っていてペダルから足を外したような感覚だった。足が車輪のようにクルクル周り勝手に進むのだ。これをより洗練させるには加速と維持の落差を体験して感触を摑むことが重要だと考え、なるべく同じ速度を維持しながら、力を入れて加速する局面と、脱力して速度を維持する局面を交互に繰り返すトレーニングを行なった。技能が向上し、力が抜けても速度が落ちないという感触を得なければ、そのようなトレーニングは思いつかなかっただろう。

そしてその技能が使えるようになると新たなイメージが浮かんでくる。絵を描く技能が向上することにより、こんな表現方法があったのかと、創造性が膨らんでいくのと同じだ。

このように創造性と技能は双方向の関係で、お互いに高めあっている。「創造性が技能として表現され、その表現に刺激され新たな創造性が生まれる」というスパイラルが回っていく。これが熟達の定義である「技能と自分の相互作用」の一つの例である。

中心を摑むと、脱力できる範囲が大きくなり、自在になる。それはできることが広がるということだ。自在になって今まで出て来なかったパターンが増え、多様性を生み出し、創造性もまた広がっていく。

私たちは中心を獲得し、自分を理解して自在に扱えるようになり、ほぼ技術的には熟達の到達点に近いところまできた。ところが次の段階「空」では今までの世界がひっくり返ってしまう。切り分けていた境目がなくなり、摑んだはずの中心もまた溶け出していく。何が起きるのか。それを見ていこう。

第五段階

空

我を忘れる

意識する自分からの解放

「心」の段階に到達すると成熟し、気持ちよく技能を駆使できているはずだ。十分な技能を手に入れ自分の思ったように表現できるようになれば、それは一つの到達点だと言える。

「扱う自分」は意識し考える自分であり、「扱われる自分」は無意識の自分であるとして、これまで使い分けてきた。

意識して自分をコントロールしなければ、人間は目標に向かうことはできないだろう。例えば今日はトレーニングをしなければならないのに、ついやめたくなってしまう自分がいる。それを「ここで頑張らないと目標が達成できないから」などと自分を励まし、なんとか継続させる。自らを扱うとは、決められた目標に向けて、思うようにならない無意識の自分を制御していくことである。

これまで「遊」「型」「観」「心」というプロセスで、自らを扱う方法を学び、成長させて可能性を追求してきた。だが、「扱う自分」の側に、自分を制限する意識があるとしたらどうだろうか。

私たちは常に何らかの「思い込み」の中で思考している。人間は「当たり前」や「常識」などによって構成されている思い込みには無自覚だから、制限の中で思考しているという感覚は浮かばず、まったく自由だと感じている。

スポーツの世界では「人間の限界」に関するこんな事例がある。一九四〇年代のことだ。当時は一マイルレースで四分を切ることが世界の中距離選手の目標だった。皆こぞって四分切りを目指し、あと少しというところまで到達したが、まるで四分の手前に壁があるようにそこから記録が止まってしまった。十年もの間誰も記録が破れない中、ようやく一九五四年、ロジャー・バニスターというイギリスの選手が四分切りを果たす。だが、本当に興味深いのはそのあとだった。わずか四十六日後に、ジョン・ランディがさらに早いタイムで走ったのを皮切りに、まるで堰《せき》を切ったように、約三年で十五人もの選手が四分を切ったそうだ。

その時点では誰も成し遂げておらず、四分を切れないことは「当たり前」だった。多くの選手が四分切りを目標にしていたが、現実に切った人がいない中では確信を持てないものだ。選手たちは自分のベストを尽くしているが、それも「思い込み」の範囲の中だ。だが、四分切りが現実のものとなった途端、「思い込み」は書き換えられ、可能性の範囲が大きく広がった。

　百年前も今も生まれた時点での人間のポテンシャルはほとんど変わらない。変わったのは、栄養やトレーニング方法、試合で使う器具などの変化と、そして「当たり前」である。人は、一度でも現実に起きたことを目にすると、「あれはできることだ」と認識が変わるのだ。

「思い込み」は外にあるものではなく、自分の中にあるもので、制限や壁とも言える。だからこそどう打破していいのかがわからない。「心」では思考の範囲の中で自在に自分をコントロールできるところまで到達したかもしれない。だが自分自身が囚われている「思い込み」の外に飛び出すにはどうしたらいいのか。何かに縛られている意識があればそれを打破しようとすることができるが、縛られている意識すらない場合、「制限」に気づくことすらできない。誰かが限界を超えて「思い込み」を変えてくれるまで待つしかないのか。

　実はこの壁を越える方法がある。それは意識する自分を消してしまうことだ。自我がない世界に突入し、無我夢中になることだ。意識する自分がいなくなれば、自分の思い込みに囚われることもなくなる。夢中になり自我が消え、環境と自分が自然と連動している状態が「空《くう》」である。これまで主役だった「扱う自分」がいなくなる世界だ。

身体に意識を明け渡す

それは二〇〇一年の世界陸上カナダ、エドモントン大会の四〇〇メートルハードル決勝で起こった。私にとっては初めての世界大会の決勝だ。試合時にはある一点を見つめて余計な雑念が浮かばないようにするのが私のやり方だった。その日も少し下を向き、目の前一メートル先の地面を見ながら、一台目のハードルを越えるイメージを、壊れたテープのようにずっと繰り返していた。この日はいつもよりも集中できているなという感覚があり、だんだん雑念が浮かばなくなってくるなと思っていたら、ゴールの向こう側まで自分が行ってしまった感覚に陥った。あとのことは記憶が曖昧だ。気がついたらスタートラインに立っていて、スタートが切られていた。

世界大会クラスでは数万人の観客がいるのだが、その日は歓声が静かに聞こえ、自分の足音だけが体の中に響いていた。視線はいつもよりも数センチ高く感じられ、まるで動く歩道の上を走るように一歩で妙に遠くまで進んだ。

普段からできるだけ上下動のないようにハードルを越えようとしていたが、その日はまるで滑り抜けるようだった。普段が〇・二とすればこの日は五・〇ぐらいの視力になったようで、ハードルの位置がくっきりと見え、かつそのギリギリを狙えた。実際にハードルを越えるたびに、自分の腿の裏でハードルの空気抵抗を感じた。

解像度が上がり、今まで感じたことがなかったような細部まで意識することができた。だが、能動的に自分で動いているというよりは身体が勝手に動いていてそれをぼんやりと眺めているようでもあった。乗馬に例えるならこれまでは馬を思い通りに扱うことに意識を向けてきたが、この日は手綱も放して、馬にすべてを委ねてしまったようだった。ああ手綱を放すと本当はこんなふうに走るんだなと、鞍の上でぼんやりと眺めている感覚だった。

気がついた時には三〇〇メートル地点にいて、私は先頭を走っていた。あと一〇〇メートルだと必死でもがいて三位でゴールし、銅メダルを獲得した。

このレースで日本記録を出し、人生で最も速いタイムで走った。この体験は今まで私がやろうとしていたものとは正反対だった。それまでは自分の意思で、身体の隅々まで完全にコントロールすることを目指してきた。究極の走りとは完全に自らの身体を支配下に置くことだと考えていたのが、従えるはずの身体が主役になり、コントロールする側の自我は消えていた。壁を越えようとして頑張ることが壁を乗り越える手段だと思っていたが、夢中になって壁すら意識しない時に、壁を乗り越えていた。そしてそうすることで身体が、自然に最も大きな力を出していた。

必死で何とかしようとしている自分自身こそが足枷《あしかせ》になっていたのではないか。むしろ身体を明け渡し、何とかしようとするのをやめてしまった方が本当の力が出せるのではないか。「空」の世界について考え始めたのは、この体験がきっかけだった。

勘は論理を超える

無意識についてもう少し考えてみよう。例えば、勘とは一体何だろうか。考えないで勘で決めることは時に悪い行為とされる。「勘で決めてはいけない」「きちんと自分の頭で考えなさい」と私たちは言われながら育つ。よく考えないで決めたことは失敗する可能性が高いと考えられるからだろう。

「カクテルパーティー効果」というものがある。パーティーなどの騒がしい場所で、目の前の人と集中して話をしている時、周辺の人々の話はあまり聞こえてこない。だが、周辺で誰かが自分の話をしていると、途端にそれが耳に入ってくることがある。これは考えてみると不思議なことで、聞こえていないなら自分の名前にも気づかないはずだし、自分の名前に気づくなら今までの話も聞こえていたはずだ。

なぜこんなことが起きるのかと言うと、重要だと思われるものを無意識にピックアップし、それを意識の世界が受け取って「聞こえた」と感じているからだ。「観」で無意識にノイズをカットし、必要なものを意識に上げていると説明した。だがそのカットされた情報も身体に蓄積されている。その蓄積された情報が一定量を越えると、結びついていきパターンを形成すると私は考えている。

そして、「何かがおかしい」「今がチャンスだ」という勘の形で意識に上がってくる。一体どの情報が組み合わさってそう感じられたのかは自分にもわかりえない。だが、とにかくそんな感じがするのだ。

勘については「経験を元にした無意識下の論理的帰結」だと定義している。熟達者には多くの経験が蓄積されており、その領域においての勘は論理を超える。しかも早い。勘を活かす最も良い方法は、それに身を委ねることである。あれこれ考えず、身体が赴くままに任せることで勘は最も鋭敏に活かされる。

これは私たちを混乱させる。なにしろ勘は「説明はできないがそんな感じがする」という感覚で立ち上がってくるからだ。根拠を持ち論理的に説明しろというプレッシャーの下に私たちは育っていて、「そんな感じがします」という説明で人を説得することは難しい。自分すら納得させられない。だから、勘を一旦否定し、改めて考えるのが当然となっている。

まだ熟達が進んでいない段階ではこれは正しい。経験がなく勘の精度もよくないからだ。しかし経験が蓄積された人の勘は、むしろ考えるよりも正しい可能性が高くなってくる。

頭で考える傾向にある人間は、意識の世界を重視して生きているので、どうしても勘を信じられない。自分の中に自分の知らない世界があることを想定できないのだ。このような感覚が強いと、勘を否定して意識的に考えようとしすぎる。それが繰り返されていくうちに、勘をうまく捉えられなくなっていく。勘は考えるようなものではなく感じるものなので、注意を向けておかなければ感じ取れなくなるからだ。

勘に身を委ねるのは現代人としては怖い。それは、頭で考える自分を放り出して、身体に委ねることだからだ。無意識の自分、つまり「空」に賭けるのだ。

価値観からの解放

自分の特徴を過不足なく捉え、活かすことができればポテンシャルが十分に発揮される。だが、それを阻むのが私たちの価値観だ。価値観は善悪を決め、意味と無意味を決めている。私たちは価値観を通して世界を認識している。

価値観は生まれ育った環境、家庭、教育、文化、個人的な体験など、外部からの影響を大きく受けている。だからこそ価値観から離れることは難しい。特に、人間は物心つく前に内側に取り込んだものは、受け入れた感覚すらなく元々持ち合わせているものだと捉える。幼少期に獲得する歩行や母国語はどのように学習したのかさえ思い出せないのは、そのためだ。同じように早期に自らの内側に取り入れた価値観を疑うことは滅多にない。

オリンピックで競技をすることも、普段の練習場で競技をすることも、その行為だけを切り取れば、違いはない。どんな時にサイコロを振っても六分の一の確率で一が出るのと同じように、練習中だろうが、試合だろうが、成功も失敗も同じ確率でしかないはずだ。

それなのになぜ試合では重圧を感じるのか。勝敗は自分にとって人生を分ける大事なことだからだ。また応援をしてくれる人たちもいる。何が大事かは価値観が決めている。大事だからこそうまくいってほしいし、失敗したくない。これが執着を産み、時に重圧を生じさせる。

空とは価値観からも解き放たれた世界である。その世界では、自分の一つ一つの行動を正しいか正しくないかで評価する目がなくなる。なにしろ良いも悪いも正しいも正しくないもない世界だ。そこには行為があるのみなのだ。

価値観を変えるのは難しいだろう。価値観はあまりにも早い段階で内在化し、私たちに影響を与えているからだ。信じるべき価値観だけを見分けようとしても、その見分ける基準自体に価値観が含まれている。意味を考える行為そのものが、価値観に囚われていることでもある。

「心」の章でも価値観を扱ったが、その時は意識して忘れる対象だった。だが、逃れようとする意識すらなく価値観から放たれるためには、夢中状態になるしかない。ただ行為のみとなる世界では自我がないので、価値観が作動しない。行為に集中する中で価値観が薄れ、より行為に集中できるようになる。評価をする視点がなければ、動きに迷いがなく、勢いが出る。価値観は没頭により瞬間的に忘却される。観察者なき世界。評価者なき世界。それが空の世界だ。

言語からの解放

それは言葉なき世界でもある。「空」で身体に意識を明け渡すためには、どうしても言葉が邪魔になる。

私たちは世界をそのまま認識しているわけではなく、言葉によって世界を編集している。本当に何にも縛られず世界を捉えるには、言葉に分けられる前のあるがままの世界に自らを飛び込ませなければならない。

秋の紅葉を見る時、ああ黄色と赤の葉っぱが綺麗だな、あれは紅葉だろうかと考えながら歩いていく。しかしこれはあるがままを見ているわけではない。見たものを言葉で整理し編集することで「理解」している。私が周囲を観察し赤や黄色であると認識し、知識と照らし合わせて、これは紅葉であり、見えているものはカエデとモミジであると捉えるのは言葉があるからだ。しかし言葉がもし紅葉を分けないのであれば、赤と黄色の世界がそのまま私の心に飛び込んできて、私もまた紅葉の中に溶け込んでいく。心そのものが紅葉になり、紅葉自体に私が含まれる。

言葉は動きにも影響を与えている。「もし」の力で先述したように、言葉によって外的環境をイメージすることで、動きを引き出すことができる。だが、本当に身体のポテンシャルを引き出しきろうとすると、言葉が動きを抑制もする。言葉には何かを指し示す役割がある。遠くの山を見るようにと言えば遠くの山に意識が向かう。ハードルの上の襖を蹴破るようにと言えば、ハードルの上の空間に意識が向かう。ある部分に意識が向かうことは、集中を生むがそれ自体が滞《とどこお》りを生む。

身体の連動が本当にうまくいくと、感触が消えることがある。走る行為では地面を踏む局面で地面から力が返ってくる感触が最も大きいが、最高の状態では地面を踏んでいる感触すらなくなる。感触とは、言い換えれば「滞り」だ。川の流れに身体を完全に委ねると水の抵抗を感じないが、逆らって泳ごうとしたり、方向を変えようとすると抵抗が生まれる。重たいものを押したり、何かに当たったり、一旦止めて再び動かす瞬間に感じていた抵抗がないからだ。だから一連の動作が完璧に行われれば、感触が消え、ただ素晴らしい結果だけが残る。

最高の動きは流れるように行われる。どこに着目することもなく、ただ外部の環境に身体が合っていくのだ。

さらに最高のパフォーマンスは分けることができない。素晴らしいピアニストの演奏一つ一つを言葉で切り分けて説明することはできない。仮に指にフォーカスをしてそこだけ説明しようとすると、足で床を踏むことがバランスを取ることに影響していたり、ピアノが奏でた音が壁に反響しそれが身体に返ってきてその振動を受け取っていたりする、そのことが表現できない。観客の反応もホールの反響も影響しているだろう。

素晴らしいものはいきなり全体なのだ。一つ一つを分析することなどできない。全体が、それそのままで素晴らしく、何一つ切り分けられないのが最高の状態である。言語的に表現をすることが極めて難しいのだ。

私が初めて出場したシドニー五輪では、陸上女子四〇〇メートルに出場した地元オーストラリアのキャシー・フリーマンという選手が大会の目玉だった。原住民族と入植者の間の違いを乗り越える「一つのオーストラリア」というのが大会のテーマでもあり、その象徴がアボリジニの血を引くフリーマンだった。

決勝では収容人数十一万人とも言われる会場が満員になっていた。スタートを切ったあとは、観客が踏み鳴らす足音と、歓声で隣の人とも会話できないほどの音量が会場に満ち、ゴールに向けてさらに声援は大きくなった。フリーマンは優勝し、会場は異常な興奮状態になった。

観客も選手も会場の全てが一体となり共鳴し合う瞬間を目の当たりにした。あれを言葉で説明することはできない。観客がフリーマンを走らせていたのか、フリーマンが走っていたのかすら、わからないほどだった。

全体を全体として捉え、全体のまま扱うという時に言語は邪魔になる。だが、意識的に言語を忘れることなどできない。夢中の瞬間に我を忘れることで私たちは非言語、未分化の世界に入ることができるだけだ。

一貫する私からの解放

私たちは日々変化している。私たちの身体の細胞は数年ですべてが入れ替わる。数年前に目標を立てた時に身体を構成していた細胞が去ったあとで、新しい細胞がその目標を達成しようとする。まさに一つ一つの部品を入れ替えていき、すべての部品を入れ替えた船は最終的に昔と同じ船なのかという問いを投げかけた「テセウスの船」のようだ。外見的な「私」は同じに見えても、構成している部分は同じではない。

環境もまた変わりゆく。世界は複雑系だ。小さな予想外の出来事が全体の流れを変えてしまうこともある。すべてを知り、すべての人の思惑を理解することなど不可能だから、結局未来は見通せない。

自分を一貫させてある空間に固定しようとすることは、まるで大きな流れを持つ大河の中で必死に自分を固定させようとしているようなものだ。

四〇〇メートルハードルは三五メートルの区間を自分で決めた歩数で走ることが求められる。私は十三歩という歩数で走っていた。スタートからゴールまで決められた位置で一歩一歩着地していく必要があるが、外界では風の影響を受け、歩幅は数センチ単位で狂っていく。トップハードラーになるためには、それを敏感に感じ取りながら毎回微調整をし、いつもと同じ位置で踏み切ることが求められる。外から見ていれば毎回同じように跳んでいるだけだが、自身の内側では毎回違う調整を行い、同じ歩幅で走ることを目指す。だが、そのやり方を極めようとしても、どうしても完全に周囲と協調することはできない。それほどの情報を集めてもあまりにも複雑すぎて判断できないし、中心に情報が届くまでにタイムラグがあるからだ。

本当に身体を環境に合わせた状態では、頭で判断せず、感じたことが即行為に反映される。情報を中心に集めて考え判断するより、今起きている出来事に瞬時に合わせていく方が柔軟に対応できるからだ。それぞれが勝手に得た情報を元に勝手に反応し動いている。しかしそれでいて全体が崩れない。全体が崩れず連動するのは私たちがこれまで熟達の道を歩んできたからだ。うまく制御しなければならないという意識がなくても制御がなされる。

自分を一貫させていなければならないという考え方を私たちは根強く持っている。そのために自らの中心を定義し、それを維持しようとしている。誓いも約束も契約も、社会のシステムも人格の一貫性を前提としている。だからこそ、私たちは今の自分と過去の自分とを重ね合わせて、未来の自分を予測する。私とは何かを頻繁に自らに尋ね、私を定義しようとする。だが、今に集中しきると、一貫性に囚われなくなる。

「空」の世界

「心」で中心以外が自在になったが、「空」ではその中心すら手放してしまうことになる。「空」の世界は「ZONE（ゾーン）」とも呼ばれる。観察する私の不在と言ってもいいかもしれない。この世界に入るとこれまでの世界が一変する。この世界は競

技ごとに報告される体験が違うが、共通しているのは、
・時間感覚の変容
・感覚の細分化
・自分主体でなくなる
の三つだ。

この「空」の世界に入るための条件を明確に示すのは難しい。ちょうど私たちが睡眠に入る瞬間に似ている。お風呂に入りリラックスし暖かいベッドに入るところまではコントロールできるが、睡眠に入る瞬間を意識することはできない。気がついたら私たちは眠りにおちている。「空」も同じで、準備はできるが、意識して確実に「空」に入れる方法はない。それは私たちが選べるものではないのだ。

まずはある一点に深く集中を向ける。呼吸でも具体的な点でもいい。そこに集中をしていると何かを思い浮かべる自分に気がつく。風が吹いていたり、息が乱れていたり、これからの試合のことやパフォーマンスのことかもしれない。自然と浮かび上がる考えに最初は気をとられるだろう。いろんなことが連想され次々と現れる泡のように浮かんでは消える。

浮かんでくるものに注意をとられそうになっても、気がつくたびに一点に注意を戻

す。まるで深夜のドライブで通り過ぎる街灯の光のように、目に入ってもそれを無視して前方に注意を向け続けていると、次第に周辺の雑音が消え、それを見ている私と見ている対象以外がない世界が訪れる。重要ではない音は遠くに追いやられ、自分の足音や周囲の息遣いが強調されて感じられる。感じられるが、それについて何かを考えることはなく、ただ流れていく。

一つのことに集中すると時間がいつの間にか過ぎていて、あまり覚えていない状態になることがある。考えてみれば連想するという行為そのものが意識がはっきりしている状態に近く、集中し何一つ連想しないなら、それは意識がぼんやりとした薄い状態に近い。このように注意が固定された状態でパフォーマンスを始めると、徐々に注意を固定していたことすら忘れてひたすらに行為が繰り返され始める。何も考えなくても気がついたら走り続けていたように、身体が動いていても自覚はしていないという状態が現れる。そして自我が忘却されていき行為のみが残っていく。この自我なき、行為のみが残る没入世界が「空」である。

この世界の入口で邪魔をするのは、考えようとする自分である。考える自分が自分の身体を扱う手綱を手放せないと「空」の世界は訪れない。「空」に入れるか否かは身体に自分を委ねられるかどうかにかかっている。

「空」の世界は、自我がなくなり行為のみがある世界だ。十分にトレーニングされていれば、何も考えなくても行為は自動的に繰り返される。考えなくても、ただ刺激に対応し身体が動く。意識が身体に命令するのではなく、勝手に動いている身体を後追いで自分が知っていく。私が動こうと思って動くのではなく、動いている私に気がついていく。

入ってくる情報がそれぞれの部分で判断され対応する。まるで脳が随所にあるかのようでもあるし、もう少し拡大するなら川に流れる笹の葉に自らがなったようでもある。笹には意図がない。しかし、そこに意図があるかのように巧みに石を避けながら流れていく。本当の巧みさとは変わりゆく環境に合わせきることにある。

私という主体のない世界

「空」の世界では「完全に自発的な行為」は存在しない。何が原因で何が結果か、何が主で何が従かはどの立場から見るかによって違う。例えば、花を探し見つけてミツバチが蜜を集めている。「花に近づいている」はミツバチ視点で、「ミツバチが来ている」となったら花視点だ。視点がなくなった時、先に花を見つけ近づいたのか、花に誘いこまれたのかも決められなくなり、どちらが主でどちらが従ということもなくなる。ということはどちらかに向かう方向性もなくなる。

自我が忘却された時、主体の消滅が起きる。つまり自分が何かに向けて何かをするということがなくなり、ただひたすらに流れが生まれる。弓道で言えば、放たれた矢はまるで最初からそこに収まるはずだったように的に向かう。人間がそこに向けて放っているようでいながら、的が矢を迎え入れているようでもある。しかしどちらが主体であるかはもはやどうでもよいことだ。ただ起きるべきことが起き、流れるべきところに流れていっている。流れという表現も正確ではない。時間が連続的でなくなるからだ。この世界では今、今、今が繰り返されており、過去から未来へ向かって流れている通常の時間感覚ではない。たった〇・一秒の出来事がスーパースローのように感じられたり、五〇秒弱のレースがあっという間に終わったりと時間感覚が変容する。「私」という感覚も時間感覚が変容すると存在しなくなる。

このような主体なき世界においては、何一つ独立しておらず、すべては関係しあっている。

局所にフォーカスすれば、自然界には食うもの食われるものという関係がある。究極的には遺伝子をつなぐ流れがあるだけだ。そしてさらに引いたところから見ればエントロピーが増大していき混沌が訪れる大きな流れがある。私たちは独立した一人の人間である。だが、細胞という多数の生命体が寄り集まった存在だとみなすこともできる。ミツバチが花に引き寄せられ受粉が促され蜜が巣に運ばれているように、筋肉と神経の間で信号を送りあい連動している。働きかけられ対応し、また受け取るという点では同じことだ。自分という身体と外部の境目を忘れれば、身体内の連動と、自然界の連動と、身体と身体以外の連動も、さほど違いがないことに気がつく。全体は大きく胎動しており、その胎動の中に一つひとつの生命がある。環境に合わせきれると、私そのものも環境の一部であったと理解できる。

ＺＯＮＥに入ると一瞬ではあっても主体なき世界を体験できる。未分化の世界。すべてが関係しあっている世界。私たちが自由になる時、常に何かからの解放を前提としている。だが、私たちが最も強く執着しているのは、何かから解放されようと考えている「自我」そのものである。空とは、「自我」からの解放だ。意識する私が堰き止めていた枠から解放され、身体が勢いよく流れ出す。意識する私の忘却。消滅する自我。その時に現れる、行為のみが残る世界。それが空の世界である。これほどに自由で、解放的な体験があるだろうか。

「空」の余韻

「空」の世界は意識的な自我の不在だから、最中の状況を観察することは難しい。だから余韻をもとに語られる。「気がついたら終わっていた」「すごくうまくできた感じがする」「身体が勝手に動いていた」などだ。

後付けで体験を特別視しているだけではないかという意見もある。確かにそうかもしれない。「空」だから良いパフォーマンスが出たのか、良いパフォーマンスだったから「空」のように感じられたのか確かめようがない。人間の記憶は曖昧で後付けで編集することがよく知られているから、そうして記憶を書き換えたのかもしれない。

しかし、客観的に確かめられないものだったとしても、少なくとも自分主体であった世界が一変することの体験にはインパクトがある。このような世界を体験すると、主体とは何かということが感覚的に危ぶまれるようになる。

一旦「空」の世界を体験した後は、すべての執着から解き放たれ、幸福と満足感に包まれながら生きられるのだろうか。悟りを得たように、終始穏やかに周囲の人たちに良い影響を及ぼし続けられるのだろうか。また、いつでもＺＯＮＥに入れるような特殊なスイッチを手に入れられるのだろうか。

私の経験上、空を体験しても人生が劇的に変わるわけではない。元々のままに人生をまた生きるだけだ。空には教育的効果はない。今までと同じようにうまくいかないことに苦しみ、今までと同じようにサボりたいなという気持ちが芽生え、今までと同じように未来を憂う。

さらに空にいつでも入れるような技法が開発されるとは私は思わない。なにしろ自分でコントロールが効かない世界に入るのだから、入り方だけコントロール可能であるということはないだろう。私たちは準備をし、入れるかどうかは運に任せるしかない。

だが、一瞬でも主体となる自我がなくなり、行為のみになる体験はリアリティを変えてしまう。

「今を生きる」ことが身体的にわかるようになる。そもそも、厳密に言えば私たちが意識することはすべて過去のことである。風が冷たいなと意識し考える時、風の感触を神経で伝達し脳に届ける時間が必要だ。実際にはコンマ数秒前の過去の出来事を私たちは「今」だと認識している。「空」で起きている出来事に身体がすぐさま反応するという世界を体験すると、意識するという行為の遅さ、狭さを感じるようになる。

感じることの広さ深さを知り、今を生きることを身体で悟る。

そして、淡々と物事と向き合うようになる。自分自身にとっての現実は体験しかない。いくら情報が行き交ったとしても、それを受け取った自分の主観的体験こそが自分にとってのすべてなのだ。「空」は究極のリアリティと言ってもいいかもしれない。この小さな自分の身体という境目が取り払われてしまったのだ。その後の情報はすべてその体験との比較になる。

「空」の体験により、立派だと言われるものはただの情報と感じられる。外から見れば動じないように見えているかもしれないが、実際には「空」を体験することで、それ以外の現実感が薄れている。

「遊」に始まり、「遊」に戻る

私は「空」を体験し、なるようにしかならないし、それでいいではないかと思うようになった。決して何をやっても無駄だと投げやりになったわけではないが、起きる出来事に対しただ対応していくのだという受動的ながら静かな気持ちになった。自分の想像の範囲などあまりにも小さいと思ってしまったからだ。

私にやれることを私なりにやっていく。目指すもののために今があるのか、今のために目指すものがあるのか、それもよくわからなくなったし、どうでもよくなった。私が生きているのは「今」のみである。

熟達の道は終わらないだろう。もう意味というものに頓着することはない。ただ面白い、ただやってみたい、という理由なき衝動がある。すべては遊びから始まった。熟達への道のりを経て、私たちはまた遊びに戻っていく。

子供が砂浜で、砂を積み上げてみた。建物の形になりかけたので、少しずつ土台を作っていった。徐々に城の形が現れてきてそれをさらに洗練させていった。周囲に大人が集まってくる。この子はすごい子だ。クリエイティビティがある。こんなお城は見たことがない。そのような声を聞いて子供は俄然やる気が出る。だが、ある高さからうまくいかなくなる。次第に大人たちは去っていき砂浜に子供だけが残る。

ふと一瞬、意味がないことに夢中になっているような気がしてくる。誰も賞賛してくれないのなら、どうせ崩れるこの城に一体何の意味があるのかと。それでも、手は動き続けている。次第に周囲は静かになり自分と砂のお城だけの世界が訪れる。誰もいない。音すらない。作っている自分すら忘れられている。どれぐらい経ったのだろうか、「そろそろ、帰るわよ」という母親の一言で我に返る。

城はできているようで、できていない。いつの間にか波が高くなっている。母親の方を向いて走っていく。途中、振り返ると砂のお城は波に崩されつつあった。その痕跡は残らず、誰にもわからなくなるだろう。

しかし、もはや砂のお城などどうでも良いのだ。確かにあの時、砂のお城と自分だけの世界、いや自分すら不在の行為そのものになった夢中の時間があった。

その余韻はまだ身体に残っている。

あとがき

これまでに何冊か本を書いているが、本当に最初から最後まで自分だけで書き上げたのは今回が初めてだった。特に「空」の世界を描くときの没頭感は競技をやっていた時代を思い出した。走ることと書くことは似ている。今回、文章を考えているうちに夢中になって自分が消え去る感覚に陥ったことが何度かあり、改めてそう感じた。

あらゆる領域での「熟達」に関することを解析するのが本書の目的だから、本当はもっと多様な例を使って書き進めたかったが、振り返ってみるとほとんど身体とスポーツの例ばかりになってしまっていた。嘘をつかず体験に根ざした実感のあることだけで書こうと意識したのだから、私の人生経験を考えるとしょうがないと言えばしょうがないのかもしれない。

ただ、スポーツを例として多用していることのメリットもあると考えている。私はスポーツの定義を「身体と環境の間で遊ぶこと」としている。身体というインターフェースを通じて外界に働きかけ、外界から返ってくる反応を感じ取り、働きかけを変化させ、それを面白がる。これはスポーツ以外の分野でも含まれる要素だから、熟達プロセスが理解しやすくなったのではないかと自負している。

「学び続ける人と、そうではない人の差は何なのか」競技時代そのことをずっと考えてきた。自分は天才ではないと気付いたのは十八歳の時だった。地元の広島では天才少年と呼ばれながら成長してきた私は、自分は天才とまではいかなくても少なくとも稀有な才能を持った人間だと信じていた。ところが早熟型だったこともあり高校時代あたりから成績が落ち始めた。さらに世界大会で世界一を狙うような選手たちと共に走り、明らかに違うと感じた。一度でも本当に才能がある人間と対峙すると、自分自身がそうではなかったことを理解する。天才ではない人間が競技の世界で戦っていくには、人の何倍も学ぶしかない。そうして最初は勝つために学びはじめたのだが、次第に「学び」そのものに興味を持つようになった。

例えば何かを学んでいくプロセスで「わかった」という感覚を持つことがある。私も先輩アスリートから「着地の前に一瞬待つんだ」と言われていた。全く意味がわからなかったがある時、「あ、これかもしれない」と思ったことがあった。なぜその時私はわかったという感覚を持ったのか。多くの場合その感覚は間違えておらず正しい。「わかった」という感覚自体がどこからきて、なぜそれは正常に機能するのかなど不思議でしょうがなかった。

学びは本当に興味深い。考えてみればどのような生物も学習する。「刺激」と「反応」を繰り返し、癖づけていけばいずれできるようになる。だが、その時に「主観的な体験」を持ち、「自分自身の扱い方」を変えていくことは人間にしかできない。技能の向上自体は刺激と反応で可能になるかもしれないが、それを扱う自分を成熟させていくことが学び続けるためには必要だ。

それと裏表ではあるが、自分自身とは何者かについて思い悩むのも人間しかいないだろう。何のために学ぶのか。学ぶことに意味があるのか。ただ生きて死ぬということができないのも人間だからだ。

学ぶという行為は二つの見方をすることができる。

一つは獲得という見方だ。人は無知で生まれてくる。知識を得て、経験をしていくことで、一つずつ学んでいくというものだ。

もう一つは制限を取り払うという見方だ。人間は外界を内在化させる。その時、社会の「当たり前」を取り込んでしまう。学び続けることでその制限を取り払っていき最終的に解放されることを目指すというものだ。

本書を読まれた方はお気付きだと思うが、「心」までは獲得で進み、最後の「空」で解放に向かっている。まさにこれこそが私の競技人生だった。勝つために学んでいたのだが、最後には「自我からの解放」という別のところに到達していた。そこは時間感覚の変容、感覚の細分化、自分主体ではない、今まで体験したことがない世界だった。そして、その時「ああそういえば、ここに到達したかったのだ」とふと感じたのだ。

本書は二人の編集者がいなければ世に出なかった。「死ぬまでに現代版の『五輪の書』を書いてみたいです」と言った私に「今書きませんか」と岩佐文夫さんが言ってくれなければずっと先に延ばしていたに違いない。岩佐さんと私は多分似ている。毎回本質的な問いかけをしてくれたことで、私自身もより深く自分の考えに気づかされ、言葉にすることができた。

新潮社の足立真穂さんは素人の私に、本の書き方を一から教えてくれた。引退後の私の人生は書くことが多かった。何となく書き始め「文武両道で文章が書けてすごい」という褒め言葉を真に受けて、ただ自分の書きたいことを書いてきた。この本の執筆プロセスで、一つ一つ私の癖を気付かされ、読者の皆さんにとってよりわかりやすい文章にしてもらった。大学以降は決まったコーチをつけない人生を生きてきたが、コーチはやはり大切だと思わされた。

それから『スタンフォード・ソーシャルイノベーション・レビュー』編集長の中嶋愛さんにもお礼を言いたい。「諦める力」を通じて私に競技者以外の可能性を拓いてくれたのはこの人だ。

スイスイ社の松岡宏行さんにもお礼を言いたい。「走る哲学者」という名前をつけてくれた方だ。

河野裕二先生、慶楽良隆先生、長谷川泰先生、渡部近志先生、高野進先生、これまで私を指導してくれた方皆にお礼を言いたい。急いで完成させようと思えばできたのに、誰一人それをやらずゆっくりと育ててくれた。とくに「面白いからやっている」という感覚が育まれたことは、何度か訪れた辛い時期を支える根本の力になった。

そもそも私が競技以外の世界にも目を向けるきっかけになったのは妻の影響だった。初めて私の家に引っ越してきたときに、「勝負」や「身体」ばかりだった本棚の半分に「社会」「世界」「思想」が加わった時のことを覚えている。集中すると周りが見えなくなる私がともかく社会で生きていけるようになったのは妻のおかげだ。

それから息子にも言葉を残しておきたい。

未来の子どもたちに何かできないかと考えるようになったのも息子が生まれたからだ。また、個人的には人間が初期の段階でどのように外界との付き合い方を学習するのかを観察できたことは私の学びになった。

また息子の言葉で気付かされたこともたくさんあった。お父さんに怒られると「言われた通りにしなければ」という気持ちと「従いたくない」という気持ちで、心が分かれそうになるがあの感覚はなんなのか、とカフェで私に説明してくれたことは、この本の構想を考える上で助けになった。

競争は必ず優劣をつけるが、「学び」自体は全ての人に開かれている。そして「学び」そのものが「娯楽化」するのが熟達の道だ。この本が、人間であることを謳歌し、夢中になって探求する喜びに全身が染まる体験を通じ、一人でも多くの方の可能性が拓かれる助けになることを願っている。

二〇二三年六月

為末　大

熟《じゅく》達《たつ》論《ろん》

人《ひと》はいつまでも学《まな》び、成《せい》長《ちょう》できる

著者　為《ため》末《すえ》大《だい》
発行　二〇二三年 七 月一五日
七刷　二〇二四年 九 月 五 日
発行者　佐藤隆信
発行所　株式会社新潮社
郵便番号一六二-八七一一
東京都新宿区矢来町七一
編集部 (〇三)三二六六-五六一一
読者係 (〇三)三二六六-五一一一
https://www.shinchosha.co.jp
印刷所　錦明印刷株式会社
製本所　大口製本印刷株式会社
乱丁・落丁本は、ご面倒ですが小社読者係宛お送り下さい。
送料小社負担にてお取替えいたします。
価格はカバーに表示してあります。

ISBN978-4-10-355231-4 C0030

計算する生命　森田真生

気仙沼ニッティング物語
いいものを編む会社　御手洗瑞子

未来をつくる言葉
わかりあえなさをつなぐために　ドミニク・チェン

身体の文学史　養老孟司

逆立ち日本論　養老孟司　内田樹

年寄りは本気だ
はみ出し日本論　養老孟司　池田清彦

小林秀雄賞受賞作『数学する身体』から5年。計算は生命の可能性を拡張するのか。壮大な計算の成立史に吹き込まれた生命の本質に迫る、若き独立研究者の画期的論考！

マッキンゼー勤務後ブータン公務員を経て、震災後の気仙沼で下宿しながら編み物会社を起業！　初年度から黒字に。なにもないから始める、「地方」でこそできること。

ぬか床をロボットにしたらどうなる？　湧き上がる気持ちをデジタルで表現するには？　この「翻訳」で多様な人が共に在る場をつくる――気鋭の情報学者が語る新たな可能性！

芥川、漱石、鷗外、小林秀雄、深沢七郎、三島由紀夫――近現代日本文学の名作を、解剖学者ならではの「身体」という視点で読み解いた画期的論考。《新潮選書》

風狂の二人による経綸問答。「ユダヤ人問題」を語るはずが、ついには泊りがけで丁々発止の議論に。養老が「〝高級〟漫才」と評した、脳内がでんぐり返る一冊。《新潮選書》

怖いものナシ！　この国を動かす「空気」の正体を喝破し、流行りものには物申す。84歳の解剖学者と75歳の生物学者が、ほんとうの難題を語り尽くす。《新潮選書》

ビッグバン宇宙論（上・下）
サイモン・シン
青木薫訳

宇宙誕生のこだま、悠久の過去からの信号を、人類はついに捉えた——古代から続く、幾多の天才・凡人の苦闘をドラマティックに描く王道の傑作科学ノンフィクション。

遺伝と平等
人生の成り行きは変えられる
キャスリン・ペイジ・ハーデン
青木薫訳

「親ガチャ」を乗り越えろ。生まれつきの違いを最先端の遺伝学で武器に換えれば、人生も社会も変わる。〈遺伝と学歴〉〈双子〉の研究者が「新しい平等」を志向する話題書！

☆新潮クレスト・ブックス☆
知の果てへの旅
マーカス・デュ・ソートイ
冨永星訳

宇宙に果てはあるのか。時間とは、意識とは何か。科学をもってしても知りえないことは存在するのだろうか。『素数の音楽』の著者による人間の知の限界への挑戦。

☆新潮クレスト・ブックス☆
レンブラントの身震い
マーカス・デュ・ソートイ
冨永星訳

絵画や音楽、小説、そして数学も？　新たな作品を生むAIが人間の芸術を凌ぐ日は来るのだろうか。AIの進化の最前線を追う数学者が、創造性の本質を解き明かす。

☆新潮クレスト・ブックス☆
数学が見つける近道
マーカス・デュ・ソートイ
冨永星訳

数学は人間の思考をいかに合理化してきたか。素数、微分、確率、集合……「コスパ」や「タイパ」を極めるなら必須の、思考の「倍速術」を紹介する科学エッセイ。

エコー・メイカー
リチャード・パワーズ
黒原敏行訳

謎の交通事故——奇跡的な生還。だが愛する人は目覚めると、あなたを別人だと言い募る。なぜ……？　脳と世界と自我を巡る天才作家の新たな代表作、全米図書賞受賞。

幸福の遺伝子
リチャード・パワーズ
木原善彦訳
過酷な生い立ちにもかかわらず幸福感に満ち溢れたアルジェリア人学生。彼女は幸福の遺伝子を持っていると主張する科学者が現れて――。米文学の旗手による長篇。

オルフェオ
リチャード・パワーズ
木原善彦訳
微生物の遺伝子に音楽を組み込もうと試みる現代芸術家のもとに、捜査官がやってくる。容疑はバイオテロ？　現代アメリカ文学の旗手による、危険で美しい音楽小説。

惑う星
リチャード・パワーズ
木原善彦訳
パパ、この星に僕の居場所はないの？　地球を憂い情緒が不安定な少年に、実験室での亡き母の面影との邂逅は驚きの変化をもたらすが――科学と情感が融合する傑作。

オーバーストーリー
リチャード・パワーズ
木原善彦訳
アメリカに最後に残る原始林を守るため木に「召喚」された人々。生態系の破壊に抗する彼らの闘いを描く、アメリカ現代文学の旗手によるピュリッツァー賞受賞作。

ハイパーインフレの悪夢
ドイツ「国家破綻の歴史」は警告する
アダム・ファーガソン
黒輪篤嗣
桐谷知未訳
池上彰解説
国債頼みの日本が背負う多額の震災復興資金。だが借金を担保する政府の信用が崩れたとき、貨幣は価値を失い、国は死ぬ――日本と世界の今後を暗示する警告の書。

言語はこうして生まれる
「即興する脳」とジェスチャーゲーム
モーテン・H・クリスチャンセン
ニック・チェイター
塩原通緒訳
言葉は、今ここで発明されている。相手に何かを伝えるために即興で生みだされた言葉が、やがて言語体系になる。神経科学などの知見が導く、まったく新しい言語論。

ベンチャーキャピタル全史
トム・ニコラス
鈴木立哉訳
19世紀の捕鯨船から連続起業家たるエジソン、ジョブズやベゾスまで、ビジネスの革新者とその守護神たちの歴史をひもとく。MBA最高峰の人気講義が待望の書籍化。

イントゥ・ザ・プラネット
ありえないほど美しく、とてつもなく恐ろしい水中洞窟への旅
ジル・ハイナース
村井理子訳
南極の氷山、ユカタン半島の陥没孔、ケイマン諸島の小さな泥沼——その下に広がるのは酸素も光も届かない水中洞窟だ。人間の侵入を拒む「暗闇の絶景」への冒険記。

ロックフェラー回顧録
デイヴィッド・ロックフェラー
楡井浩一訳
莫大な資産家として、またチェース銀行のトップとして世界を動かしてきた著者が九十余年の人生を振り返った。「米国最強」の一族初となる貴重な自叙伝。

AI監獄ウイグル
ジェフリー・ケイン
濱野大道訳
DNA採取、顔と声を記録する「健康検査」、移動・購入履歴ハッキング、密告アプリ——米中テック企業が作った最悪の実験場を告発。成毛眞氏、橘玲氏、驚愕!!

人体大全
なぜ生まれ、死ぬその日まで無意識に動き続けられるのか
ビル・ブライソン
桐谷知未訳
ウイルスと免疫の闘い、ホルモンという有能なメッセンジャー……。あなたの中で動く「奇跡のシステム」の全貌に迫る、全米主要紙絶賛のエンタメ・ノンフィクション!

リベラリズムへの不満
フランシス・フクヤマ
会田弘継訳
民主主義を守る「大きな傘」が、左右両派からの激しい攻撃で深刻な脅威にさらされている。『歴史の終わり』の著者がリベラリズムの真の価値と再生への道を説く。